外事干部学习培训教材

共建"一带一路"

任远喆◎著

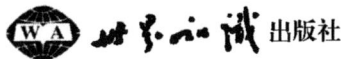
世界知识出版社

本书获"外交学院一般规划教材"出版资助,特致谢忱!

目 录

第一章 共建"一带一路"提出的背景

第一节 世界处于百年未有之大变局 ………… 2
第二节 中国进入新时代 ………………………… 14
第三节 "一带一路"建设的内外动力 ………… 28

第二章 共建"一带一路"的顶层设计

第一节 共建"一带一路"的提出与发展 ……… 39
第二节 共建"一带一路"的核心体系 ………… 53
第三节 共建"一带一路"的原则与愿景 ……… 67

第三章 共建"一带一路"取得的丰硕成果和重大意义

第一节 共建"一带一路"取得的丰硕成果 …… 77
第二节 共建"一带一路"的重大意义 ………… 99

第四章 共建"一带一路"的推进方式

第一节 共建"一带一路"对外事工作的新要求 …………………………………………… 120

第二节 共建"一带一路"的具体路径 ………… 125

第五章 共建"一带一路"面临的机遇与挑战

第一节 共建"一带一路"下一阶段工作重点 … 159

第二节 共建"一带一路"面临的主要挑战 …… 167

第三节 共建"一带一路"推动形成全面开放新格局 …………………………………………… 193

参考文献 ……………………………………… 201

后记 …………………………………………… 203

第一章 共建"一带一路"提出的背景[*]

当今世界正面临百年未有之大变局。21世纪以来一大批新兴市场国家和发展中国家快速发展,世界多极化加速发展,国际格局日趋均衡;世界经济转型调整深入发展,保护主义、单边主义持续蔓延,贸易和投资争端加剧,全球产业格局和金融稳定受到冲击,世界经济运行风险和不确定性显著上升;国际社会正面临治理赤字、信任赤字、和平赤字、发展赤字四大挑战。党的十八大以来,习近平总书记首倡"一带一路",得到了国际社会特别是沿线国家的高度关注和积极响应。共建"一带一路"是中国在新的历史条件下

---

[*] 本书中出现的关于共建"一带一路"的数据皆引自中国一带一路网及中国官方已发布的重要报告,特此说明。

实行全方位对外开放的重大举措，是推动构建人类命运共同体的重要实践平台，为世界提供了一项充满东方智慧的共同繁荣发展的平台。习近平总书记对共建"一带一路"的指导原则、丰富内涵、目标路径等进行深刻阐述，为推动共建"一带一路"走深走实、行稳致远，指明了正确方向，勾画了宏伟蓝图，提供了重要遵循。共建"一带一路"顺应了全球化的时代需求，正在成为维护全球化和完善全球治理的中坚力量。

第一节　世界处于百年未有之大变局

2013年9月和10月，习近平主席在出访中亚和东南亚国家期间，先后提出共建"丝绸之路经济带"和"21世纪海上丝绸之路"的倡议，合称为"一带一路"倡议。共建"一带一路"，是党中央作出的重大战略决策，是实施新一轮扩大开放的重要举措。习近平主席形象地指出，这"一带一路"，就是要再为我们这只大鹏插上两只翅膀，建设好了，大鹏就可以飞得更高更远。"一带一路"旨在弘扬古代丝绸之路精神，高举和平发展的旗帜，积极发展与共建国家的经济合作伙伴关系，实现互利共赢、共同发展，推动构建人类命运共同体。经过多年的发展，这一倡议已经成为促进全球共同繁荣、推动构建人类命运共同体的伟大构想和重要平台，开辟了我国参与和引领全球开放合作的新境界。

一、国际实力对比"东升西降"

观察世界潮流、研判其发展走向，就需要把握主要国家实力的此消彼长及相互关系的分化组合。第二次世界大战后，世界形成了美苏争霸的两极格局，这个格局随着苏联的解体而被打破，出现了美国"一超独霸"，中国、欧盟、俄罗斯、日本、印度等多强并起的局面。进入新世纪，国际形势进入了新一轮的复杂调整期。新兴市场和发展中国家实现了群体性崛起，经济实力、国际影响力显著增强。

2017年12月，习近平总书记在参加驻外使节工作会议时指出，放眼世界，我们面临的是百年未有之大变局。这是首次公开提出这一判断。在2018年6月的中央外事工作会议上，习近平总书记指出，我国处于近代以来最好的发展时期，世界处于百年未有之大变局，两者同步交织、相互激荡。2020年8月在经济社会领域专家座谈会上，总书记又强调，"当前，新冠肺炎疫情全球大流行使这个大变局加速变化，保护主义、单边主义上升，世界经济低迷，全球产业链供应链因非经济因素而面临冲击，国际经济、科技、文化、安全、政治等格局都在发生深刻调整，世界进入动荡变革期"。之后，总书记又在讲话中指出世界百年未有之大变局进入加速演变期，国内改革发展稳定任务艰巨繁重等重要判断，进一步丰富和完善了"百年未有之大变局"这一重大论断，为我们研判当前国际形势，认清国家发展大势，判断全球发展趋势指明了方向。

百年未有之大变局的最大变化，就是以中国为代表的新兴市场国家和发展中国家群体性崛起，从根本上改变了国际力量对比，从地理和文化上颠覆了"西方中心论"，改变了1648年近代国际关系体系形成以来，西方居于主导，东方趋于从属的态势，世界更加平衡和多元。根据国际货币基金组织的数据显示，按购买力平价计算，新兴市场国家和发展中国家经济总量2008年已经超过发达国家，到2018年占世界经济比重达到59%。按现价法计算，2007—2018年，新兴市场和发展中国家占世界经济比重也上升了11个百分点，达到近40%，对世界经济增长的贡献比例约为80%。以目前增长速度，这些国家10年后的经济总量将达到世界总量的一半。新兴市场和发展中国家过去20年来对世界经济增长贡献率高达80%，过去40年间国内生产总值（GDP）全球占比从24%增加到超过40%，而同期七国集团（G7）的全球份额则从51%下降到31%。

新兴市场和发展中国家在国际事务中的话语权不断提升。二十国集团（G20）取代西方七国集团成为国际经济金融治理的主要平台，新兴市场国家和发展中国家及发达国家各占一半。在世界贸易组织和联合国一些专门机构中，新兴市场国家和发展中国家的投票权不断提高，西方长期垄断权力的局面正被逐步削弱。新兴市场国家和发展中国家还创立了金砖机制，设立亚投行、新开发银行等机构，依托上海合作组织、亚洲相互协作与信任措施会议等开展政治安全等方面的合作，国际地位不断提升，影响力持续扩大。

中国作为新兴市场国家和发展中国家的代表，正处于近代以来最好的发展时期，国际地位不断提升。改革开放四十多年以来，中国经济发展水平大幅提高，经济规模迅速提升到世界第2位，是推动世界格局变化的重要力量。国际实力对比"东升西降"不断发展，给中国发展带来了重要的外部机遇。一是和平机遇，有利于我们维护世界和平。二是发展机遇，可以集中力量发展自己，推进我国对外开放。三是变革机遇，推动我国全面深化改革，推动全球治理体系改革。共建"一带一路"的提出正是中国紧紧抓住三个机遇，扩大和深化对外开放，加强与世界各国合作共赢的体现。

历史和现实表明，"西强东弱"是存量、是历史，"东升西降"是增量、是未来。与此同时，必须清醒地认识到国际格局的变化是一个长期的过程，在当前及今后相当长的时期内，国际实力对比"东升西降"的大趋势不会发生逆转，但以美国为代表的西方发达国家整体上仍占据明显优势，在经济、金融、科技、军事、规则制定权、话语权等方面占有主导地位。中国等发展中国家在保持崛起势头的同时，仍将长期处于追赶和学习的过程，同时，面临的挑战和压力也将不断增大。

二、世界经济转型调整深入发展

2008年国际金融危机以来，全球贸易和投资回升，世界经济增长动能加快转变，发展方式深刻转型，发展活力和潜力进一步释放。但同时贫富分化加大，贸易保护主义"高歌猛进"。从2008年到2016年，美国对其他国家采取了600多项歧视性措施，仅2015年就采取了90项。根据全球贸易预警组织（Global Trade Alert）的资料库，2015年各国实施的歧视性贸易措施，比2014年增加50%。二十国集团经济体在2016年共采用了659种新的贸易限制措施，而自金融危机开始以来，已有7 027种歧视性干预措施。特别是美国特朗普政府上台后，坚持"美国优先"，四处挥舞保护主义大棒，严重破坏了全球贸易秩序。特朗普政府还发动了对华贸易战，并挑起与欧洲、日本等主要经济体的贸易摩擦，全球贸易摩擦升温，主要经济体货币政策转向，全球公共和私人债务高企等风险因素增加，部分新兴市场国家出现较大金融动荡，全球经济下行压力增大，不稳定性、不确定性突出。拜登上台后，继续推行"美国优先"的政策，无视贸易规则和他国利益，推出《通胀削减法案》与《芯片和科学法案》等，以经济政策为武器推行保护主义，威胁全球产业链供应链稳定，给世界经济带来了巨大风险。

新冠疫情对世界经济的影响也很深远。疫情期间，全球陷入了20世纪30年代"大萧条"以来最严重的和平时期衰退。尽管各大行预计经济低迷将是短暂的，但各经济体需要时间来弥补损失。全球极端贫困人口将增加1亿人，过去10年世界经济发展成果损失殆尽。根据国际货币基金组织（IMF）的预测，2022年全球经济增速估计约为3.4%，2023年预计将降至2.9%，2024年升至3.1%。然而，全球经济复苏的过程中，新冠疫情反复、通货膨胀、供应链中断等种种不确定性为复苏前景蒙上了一层阴影。预计到2023年底，40%的新兴经济体和发展中国家，30%的低收入国家仍无法恢复到疫情前的发展水平。

世界已经进入新一轮科技创新周期。由人工智能、大数据、物联网、机器人、区块链所引领的第四次工业革命正在到来，人类社会正在迈入"智慧社会"，并将发生一场系统性的深刻变革。在此背景下，世界主要国家都加大了以人工智能、大数据、物联网等为代表的新兴技术的投资研发。科技作为衡量一个国家综合实力的指标权重进一步加强，大国间科技竞争日趋激烈。

自20世纪50年代以来，发达国家依托技术优势，主动转出低附加值产业，获取超额利润。1990年97.1%的专利由发达国家申请，然而这一趋势在近年来得到了根本扭转。2015年中国成为世界最大的专利申请国，专利申请占世界总量的比重达46.8%，带动整个发展中国家专利申请总量超过发达国家。世界知识产权组织（WIPO）2020年4月7日公布的2019年国际专利申请数量显示，中国远超美国，继续位居第一。前50家企业当中，中日韩占到六成以上，呈现出亚洲企业引领技术创新的格局。世界知识产权组织总干事高锐（Francis Gurry）认为"中国的迅速增长表明技术创新的中心正在长期向世界的东方转移"。与以中国为代表的发展中国家相比，以美国为代表的发达国家因科技优势造就的新经济奇迹和竞争优势逐渐减弱。

从历史经验来看，新的科技革命总是会推动生产力的发展，催生新的经济领域、新的经济运行方式，乃至带来经济与社会的发展发生革命性的变革。此次科技革命带来的大变局将影响到政治、经济、社会、文化乃至国际格局，毋庸置疑是前所未有的。

三、互联互通成为共同追求

从各国的官方文件来看,互联互通有各种不同的含义。从狭义来看,互联互通带有很强的经济含义,广泛用于各国之间的经济合作项目。而从广义来看,互联互通又涵盖了政治、经济、社会、人文等方方面面。互联互通的外交实践是国家间交往超越地理空间的约束,实现跨国交往自由化和便利化的表现。互联互通是一种平等的关系网络,内部不存在一个中心国家,也不存在要将某个国家吸纳进某个中心,它是一个便利化、流动性的共生网络。

近年来,全球经济形势不容乐观,经济增长动能不足。根据国际知名咨询机构麦肯锡的报告,2035年前全球基建有69.4万亿美元的投资空间。利用基础设施和互联互通建设可以推动世界发展,提振全球经济增长的动力,一方面可以增加就业,提供经济增长点;另一方面也可以通过互联互通建设,打造畅通的物流网络,提升出入境便利化水平,将各国的地缘毗邻优势、经济互补优势转化为务实合作优势、持续增长优势。这不仅对于新兴市场和发展中经济体来说尤为重

第一章 共建"一带一路"提出的背景

要,而且也可以使欧美发达国家从中受益。

习近平主席曾对互联互通进行了高屋建瓴、全面深入的阐述。他提出,"自古以来,互联互通就是人类社会的追求。我们的祖先在极为艰难的条件下,创造了许多互联互通的奇迹。丝绸之路就是一个典范,亚洲各国人民堪称互联互通的开拓者"。"今天,我们要建设的互联互通,不仅是修路架桥,不光是平面化和单线条的联通,而更应该是基础设施、制度规章、人员交流三位一体,应该是政策沟通、设施联通、贸易畅通、资金融通、民心相通五大领域齐头并进。这是全方位、立体化、网络状的大联通,是生机勃勃、群策群力的开放系统","国际互联互通是一条脚下之路、规则之路和心灵之路"。

在 2017 年召开的首届"一带一路"国际合作高峰论坛上,互联互通成为讨论的核心议题,各国强调通过国际、地区和国别合作框架和倡议带来合作机遇,共同致力于发展开放、自由的经济和贸易。在这一阶段,互联互通的内涵不断丰富。亚洲地区仍是重点地区和方向,主张优先实现亚洲互联互通,同时加强欧亚联通,并对非洲、拉美及其他地区开放。2019 年 4 月,第二届"一带一路"国际合作高峰论坛正式提出构建全球互联互通伙伴关系,并将"推进互联互通,挖掘增长新动力"作为三大议题之一。构建全球互联互通伙伴关系,推动联动发展成为本次会议的成果亮点之一。共建互联互通伙伴关系除了能够扩大各方对基础设施的投资和建设、弥补联通设施投资的不足外,还能够提升各国的联通水平,同时改善区域、国家内部的互联互通状况。互联互通建设有利于缩短货物及商品运输时间、提高运输效率,鼓励境内外贸易,扩大生产网络,深化区域经济合作。最近几年的国际实践清晰地展现出,以中国为代表的新兴经济体和发展中国家在全球产业结构中的地位明显上升,已经成为维护开放型世界经济,改善全球互联互通的中坚力量。

四、全球治理体系亟待改革

当今世界面临的不稳定性、不确定性突出,多边主义面临危机挑战,全球治理遭遇挑战,大国战略竞争日趋激烈。全球地缘政治风险、经济格局、产业结构等发生深刻调整,和平赤字、发展赤字、安全赤字、治理赤字加重,人类社会面临前所未有的挑战。世界经济复苏艰难曲折,国际金融市场动荡不稳,全球贸易持续低迷，单边主义、保护主义、民粹主义等逆全球化思潮明显抬头，经济全球化阻力上升。国际安全形势不容乐观，局部冲突和地区热点问题交织，恐怖主义、难民危机等非传统安全威胁凸显，需要共同应对的全球性挑战不断增多。同时，既有的全球治理体系面临着新的挑战。新兴市场和发展中国家在后金融危机时代保持了较高水平的增长，对全球经济增长的贡献已达到80%，国家力量对比发生深刻变化，但这些国家在世界银行等国际组织的地位与其自身实力并不相匹配。当前的全球治理体系存在结构性缺陷，与世界经济、政治格局的深刻变化不相适应，传统秩序的弊端不断出现。

在大国间无战争的时代，参与和引导全球治理主要依靠国际组织及其规则。现有国际规制背后的支撑更多的是以美国为代表的西方社会的政治结构与价值理念，通过它们美国实现了其霸权的收益，构建了所谓的"自由主义国际秩序"。然而，近年来支撑起"自由主义国际秩序"的一整套国际制度和规则却在发生动摇。现有的国际规则体系不能有效地实行治理，导致全球层面秩序紊乱，也就是全球治理的失灵。现有的国际规制已经越来越难以适应当前全球治理的需要,推动国际规制改革、调整与创新已经成为国际社会的基本共识。

英国"脱欧"、欧洲"新右翼"的崛起以及民粹主义在全球的盛行,个别国家掀起逆全球化之风,筑起保护主义壁垒,全球化进程遭遇了前所未有的挫折和挑战。新冠疫情产生了新的反全球化力量,给未来全球化的发展趋势带来了深远影响。人类当下面临的全球性挑战比以往更多、更复杂。加强各国尤其是主要大国在全球性问题上的协调与合作,已经成为改善全球治理、应对全球性挑战的迫切任务。"谁来设定全球治理的议程""谁来进行国际规制的设计""如何有效实施这些规制"等是当前全球治理的关键问题。推动国际秩序和全球治理体系向更加公正合理的方向发展,对中国外交来说正当其时。国际社会期盼以中国为代表的发展中国家更加深入地参与全球治理改革。

第二节　中国进入新时代

党的十九大报告指出,经过长期努力,中国特色社会主义进入了新时代,这是我国发展新的历史方位。

中国特色社会主义进入新时代，意味着近代以来久经磨难的中华民族迎来了从站起来、富起来到强起来的伟大飞跃，迎来了实现中华民族伟大复兴的光明前景；意味着科学社会主义在21世纪的中国焕发出强大生机活力，在世界上高高举起了中国特色社会主义伟大旗帜；意味着中国特色社会主义道路、理论、制度、文化不断发展，拓展了发展中国家走向现代化的途径，给世界上那些既希望加快发展又希望保持自身独立性的国家和民族提供了全新选择，为解决人类问题贡献了中国智慧和中国方案。

报告还指出，新时代是承前启后、继往开来、在新的历史条件下继续夺取中国特色社会主义伟大胜利的时代，是决胜全面建成小康社会进而全面建设社会主义现代化强国的时代，是我国日益走近世界舞台中央、不断为人类作出更大贡献的时代。中国特色社会主义进入新时代，在中华人民共和国发展史上、中华民族发展史上具有重大意义，在世界社会主义发展史上、人类社会发展史上也具有重大意义。习近平总书记强调，中华民族伟大复兴，是造成世界百年未有之大变局的重要原因；世界面临百年未有之大变局，给中华民族伟大复兴带来重大机遇。这告诉我们，必须从中国和世界关系的演变角度看待共建"一带一路"的提出。

一、中国综合国力显著提升

经济实力显著增强。从 1979—2020 年，中国 GDP 年均实际增长超过 9%，是同期世界上最快的增长速度。而在世界经济发展的其他历史时期，也未见在如此长的时间里以如此快的速度增长的先例。中国经济总量占世界经济的份额从 1978 年的 1.8%（全球第 10 位）上升到 2018 年的 15.96%（第 2 位）。1978 年，中国 GDP 仅有美国的 6.3%，日本的 14.8%，到 2018 年相当于美国的 66.4%，日本的 273.6%，占全球总量的 15.9%。根据世界银行数据，中国人均 GDP 从改革开放以来实现了持续高速发展。从 1978 年典型的低收入国家到 1993 年跨入中等偏下收入国家行列，继而在 2009 年跨入中等偏上收入国家行列。到 2018 年中国人均 GDP 达到近万美元，距离高收入国家的门槛近在咫尺。根据国家统计局发布的报告，2019 年中国国内生产总值 99.086 5 万亿元，稳居世界第二位；人均国内生产总值 7.089 2 万元，按年平均汇率折算达到 10 276

美元，首次突破 1 万美元大关，与高收入国家差距进一步缩小。2019 年，中国国内生产总值比上年增长 6.1%，明显高于全球经济增速，在经济总量 1 万亿美元以上的经济体中位居第一。2020 年，面对严峻复杂的国内外环境特别是新冠疫情的严重冲击，中国的经济社会发展主要目标完成情况好于预期。2020 年我国 GDP 总量突破了 100 万亿元人民币大关，折合 14.72 万亿美元，仍然是世界第二大经济体，占全球经济总量的上升到 17.4%。2021 年中国国内生产总值达 114 万亿元人民币，占全球经济的比重上升到 18% 以上，中国作为世界第二大经济体的地位得到巩固提升；人均国内生产总值达到 1.25 万美元，接近高收入国家门槛。2022 年，我国国内生产总值 1 210 207 亿元，比上年增长 3.0%。

对外贸易持续增加。2009 年中国成为全球最大货物出口国、第二大货物进口国，2013 年成为全球货物贸易第一大国，目前是近 130 个国家和地区的最大贸易伙伴和最大出口市场。2015 年中国对外投资总量首次超过吸引外资总量，成为资本净输出国；2016 年中国对外投资增长 44%，达到 1 830 亿美元，成为世界第二大对外投资国；2017 年中国吸引外国直接投资 1 440

亿美元，创历史新高，位居世界第二。2021年，我国对外贸易再创新高。全年货物进出口39.1万亿元，比2020年增长21.4%，其中出口增长21.2%，进口增长21.5%，成为经济运行中的一大亮点。2022年，我国外贸进出口总值42.07万亿元，比2021年增长7.7%。近年来，我国对世界经济增长贡献率每年超过30%，持续成为推动世界经济增长的主要动力源。

国际竞争力和创新能力大幅度增强。根据国家统计局2019年发布的数据显示，2018年，中国研发支出占GDP的比重为2.19%，根据全职工作量计算的国家研发人员总数为419万，是1991年的6.2倍。2013年中国研发人员总数超过美国并连续六年位居世界第一。与此同时，中国发明专利申请量和授权量居世界首位。高新技术企业达到18.1万家，科技型中小企业突破13万家，全国技术合同成交额为1.78万亿元。世界知识产权组织等发布的全球创新指数显示，2019年，中国国家创新能力排名升至全球第14位，比2018年前进3名，成为唯一进入前20名的中等收入经济体。此后几年中国的排名持续上升。2021年，全社会研发投入达到2.79万亿元，同比增长14.2%，研发投入强度达到了2.44%，国家创新能力综合排名上升至世界第12

位，成功实现"十四五"良好开局。根据日本文部科学省的科学技术学术政策研究所2020年8月7日公布的调查结果显示，40年以来，中国在自然科学领域的论文数量首次超越美国，跃居全球第一。调查结果还称，不仅是在论文总量上，中国论文被其他论文引用的次数，以及高质量论文的数量也在紧追美国。目前，中国已经在无人机、人工智能、云计算、区块链、纳米科技、生物医药等方面取得了具有世界影响的重大成果。中国的科技创新成果广泛应用，为其他国家人民生产生活带来更多便利，为世界经济增长注入了新动能。

国际社会影响力日益提升。2018年，中国在世界银行中的投票权上升为4.45%，仅次于美国的15.98%和日本的6.89%，位居世界第三；在国际货币基金组织中的投票权上升为6.09%，仅次于美国的16.52%和日本的6.15%，位居世界第三。中国在亚投行、新开发银行等新建国际金融机构中占有重要位置。在一些重要国际组织担任负责人或中高层职位的中国人越来越多。

中国特色社会主义进入新时代，提振了发展中国家实现国富民强的信心，拓展了发展中国家走向现代化的途径，为世界上那些既希望加快发展又希望保持自身独立的国家和民族，走符合本国国情的道路提供了经验和借鉴。中国提出的全球治理观、正确义利观、发展观、安全观、合作观、全球化观、新型国际关系、人类命运共同体等一系列理念，日益受到国际社会的关注，得到了越来越多的国家的尊重和认可。各国加强治国理政交流，共享发展经验，共同实现良政善治。

二、中国与世界联系之紧密前所未有

党的十八大以来，在党中央坚强领导下，面对国际形势风云变幻，我国对外工作攻坚克难、砥砺前行、波澜壮阔，开创性推进中国特色大国外交，经历了许多风险考验，打赢了不少大仗硬仗，办成了不少大事难事，取得了历史性成就。当前中国和世界的关系正在发生历史性变化，中国正在日益走进世界舞台的中央，融入国际体系的程度不断加深。中国与世界的命运已经紧紧相连，相互依存，安危与共。

政治上，中国全方位外交布局深入展开。中国加入了100多个政府间国际组织，签署了300多个国际公约。截至 2023 年，中国同 182 个国家建立了外交关系，参加了 100 多个政府间国际组织，签署了 300 多个国际公约，同 100 多个国家及区域组织建立了不同形式的伙伴关系，在联合国、世界贸易组织、二十国集团、金砖国家等机制中发挥着重要作用，是亚太经合组织、上海合作组织、亚信会议、东亚合作机制、博鳌亚洲论坛等区域性国际组织或机制中的重要成员。

经济上，中国形成了全方位、立体化、宽领域的对外开放格局。中国已经加入世界上几乎所有重要的国际经济与金融组织、多边经济机制。目前中国的贸易伙伴已经遍及 220 个国家和地区，已经签署涉及 28 个国家和地区的 21 个自贸协定，签订了超过 160 个双边经贸合作机制、超过 130 个双边投资协定。中国自贸伙伴覆盖亚洲、大洋洲、拉丁美洲、欧洲和非洲，与自贸伙伴贸易额占对外贸易总额的 35% 左右。例如，2021 年 1 月 1 日，中国和毛里求斯自贸协定生效，这是中国与非洲国家首个自贸协定。协定生效后，在货物贸易领域，中方和毛里求斯最终实现零关税的产品税目比例分别达到 96.3% 和 94.2%。服务贸易领域，双方承诺开放的分部门均超过 100 个。未来，中国还将同更多非洲国家商签自贸协定。

据联合国贸发会议数据,自1992年起,中国已连续成为吸收外资最多的发展中国家。商务部研究院的《跨国公司投资中国40年报告》显示,2018年,中国吸收外商投资1 349.7亿美元,居全球第二位。截至2018年年底,中国累计设立外商投资企业96.1万家,实际吸收外商投资2.1万亿美元,已经成为全球最大的外商投资东道国之一。根据商务部的数据,2021年,中国吸收外资再创历史新高,首次突破了1万亿元人民币,达到了1.15万亿元,2013年以来,首次实现两位数的增长,增速达到了14.9%。目前,世界前500家跨国公司中已有480多家到中国投资。改革开放40多年,外资在华投资地区总部、研发中心超过2 800家。

安全上,中国是维护世界和平的重要力量。中国始终坚持和平发展道路,在和平共处五项原则的基础上与世界各国发展关系,积极参与国际和地区热点问题的解决。中国是联合国安理会五个常任理事国中派遣维和军事人员最多的国家,已经成为第二大维和摊款国,是派出工兵、运输和医疗保障分队最多的国家。中国积极参与反恐、防扩散等领域国际合作,推动上海合作组织框架内联合反恐军事演习机制化。中国海军在亚丁湾、索马里海域开展常态化护航行动,中外海上联演联训不断拓展，与多国护航力量进行交流合作，共同维护国际海上通道安全。

人文上，中国与世界各国的交流互鉴不断深入，人员往来也越来越密切。中国逐渐强大的综合实力带来了越来越强大的意识形态凝聚力与文化向心力。中国与相关国家建立了一大批文化交流机制，涉及影视、历史、旅游、高等教育等诸多领域。通过开办孔子学院、孔子课堂和设立中国文化中心，与相关国家互办文化年等，中国文化在很多国家受到推崇。中国积极参加国际文化组织，在借鉴其他国家优秀经验的同时为世界文化发展作出了重要贡献。中国与世界各国的人员交往越来越密切。

三、中国为国际社会作出越来越多的贡献

在全球安全上，中国积极倡导以和平方式政治解决争端，建设性参与朝鲜核问题、伊朗核问题、中东问题、叙利亚问题、阿富汗问题等地区热点问题的解决，为维护世界和平作出了重要贡献。中国一直积极参加联合国维和行动，是联合国第二大维和摊款国和会费国，是联合国安理会常任理事国第一大出兵国。

30年来，先后参加近30项联合国维和行动，累计派出维和官兵5万余人次，忠实履行维和使命。为全面落实2015年联合国维和峰会的承诺，近五年来，中国8 000人规模维和待命部队和300人规模常备维和警队在联合国完成注册，已有6支维和待命分队晋升为三级待命部队。中国已成为联合国维和待命部队中数量最多、分队种类最齐全的国家。中国—联合国和平与发展基金开展了80多个项目，使用资金规模6 770万美元，为联合国维和、反恐、能源、农业、基建、教育等领域工作提供支持。

在全球发展方面，中国积极支持联合国"消除贫困联盟"的工作，与其他国家携手推进国际减贫与南南合作。改革开放40多年来，中国解决了14亿人的温饱问题，2020年已实现现行标准下农村贫困人口全部脱贫，全面建成小康社会，这圆了中华民族几千年的梦想，也是对人类发展事业作出的伟大贡献。中国秉持"创新、协调、绿色、开放、共享"的新发展理念，全面推进落实联合国2030年可持续发展议程，率先发布落实议程的国别方案和两期进展报告，并积极参与落实议程国别自愿陈述，在多个领域实现早期收获。推动各国将发展置于全球宏观政策框架核心位置，不断深化共建"一带一路"与 2030 年议程对接。在南南合作框架内，积极为其他发展中国家落实 2030 年议程提供力所能及的帮助。

中国积极开展对外援助工作。党的十八大以来，中国政府援建重大基础设施项目 300 余个，实施 2 000 余个民生援助项目，为受援国培养近 40 万名各类人才，提供 177 批次紧急人道主义援助，累计受益人口超过 500 万人。近年来，中国为发展中国家提供 180 个减贫项目、118 个农业合作项目、178 个促贸援助项目、103 个生态保护和应对气候变化项目、134 所医院和诊所、123 所学校和职业培训中心。南南合作援助基金在 30 多个发展中国家实施 80 余个项目，为全球可持续发展注入动力。中国已向联合国妇女署捐款 1 000 万美元，成为捐款最多的发展中国家；完成了 133 个"妇幼健康工程"，邀请 3 万多名发展中国家妇女来华培训，为世界妇女事业作出重要贡献。

中国本着"共同但有区别的责任"原则，始终积极建设性参与全球气候治理，为《巴黎协定》的达成和快速生效作出了历史性贡献。中国是最早制定并实施《应对气候变化国家方案》的发展中国家，也是节能减排力度最大、新能源及可再生能源研发速度最快的国家之一，能源强度持续多年下降。我国可再生能源领域专利数、投资、装机和发电量连续多年稳居全球第一，可再生能源投资已经连续五年超过1 000亿美元。我国规模以上企业单位工业增加值能耗2019年比2015年累计下降超过15%，相当于节能4.8亿吨标准煤，节约能源成本约4 000亿元。我国绿色建筑占城镇新建民用建筑比例已达到约60%，通过城镇既有居住建筑节能改造，在提升建筑运行效率的同时有效改善人居环境，惠及2 100万户居民。2010年以来我国新能源汽车以年均翻一番的增速快速增长，占到全球新能源汽车销量超过60%。通过采取一系列应对气候变化措施，2005年以来，相当于减少二氧化硫排放约1 192万吨、氮氧化物约1 130万吨。截至2019年底，中国碳强度较2005年降低约48.1%，非化石能源占一次能源消费比重达15.3%，提前完成我国对外承诺的到2020年目标。2020年9月22日，在第75届联合国大会期间，中国提出将提高国家自主贡献力度，采取更加有力的政策和措施，二氧化碳排放力争于2030年前达到峰值，努力争取2060年前实现碳中和。这远远超出了《巴黎协定》，这将可能使全球实现碳中和的时间提前5—10年，此外也对全球气候治理起到关键性的推动作用,彰显了大国的责任和担当。

习近平同志在十九大报告中对新时代中国外交进行了全面阐述,作出了顶层设计,指明了前进方向。习近平同志强调:中国共产党是为中国人民谋幸福的党,也是为人类进步事业而奋斗的党,始终把为人类作出新的更大贡献作为自己的使命。新时代中国特色大国外交的使命,就是要为中国人民谋幸福而尽责,为人类进步事业而担当。一方面,更加积极有为地为国内发展服务,为实现"两个一百年"奋斗目标、实现中华民族伟大复兴的中国梦提供有力支持。另一方面,更加积极主动地为世界做贡献,通过开展互利合作促进各国共同发展,在国际事务中发挥好负责任大国作用,在力所能及范围内为国际社会提供更多公共产品,为人类进步事业作出更大的贡献。新时代中国特色大国外交就是要推动建设新型国际关系,构建人类命运共同体。

新时代我国的对外工作要以习近平新时代中国特色社会主义思想和习近平外交思想为指导,统筹国内国际两个大局,牢牢把握服务民族复兴、促进人类进步这条主线,以更加宽广的视野、更加周密务实的布局、更自信的心态、更自觉的担当、更积极的姿态,拿出新作为，展现新气象，不断开创中国特色大国外交新局面，奋力谱写中国特色大国外交新篇章，更好造福中国人民和世界各国人民，完成新时代赋予的历史使命。

第三节 "一带一路"建设的内外动力

当前中国与世界的联系不断加深。中国一以贯之地坚持对外开放的基本国策，构建全方位开放新格局，深度融入世界经济体系。推进共建"一带一路"既是中国扩大和深化对外开放的需要，也是加强和世界各国互利合作的需要，中国愿意在力所能及的范围内承担更多责任和义务，为人类和平发展作出更大的贡献。

一、共建"一带一路"的国内需要

经过改革开放40多年的高速增长，中国经济社会发展已经进入新常态，在发展速度上从高速增长转为中高速增长，在经济结构上不断优化升级，在发展动力上从要素驱动、投资驱动转向创新驱动，要从当前

第一章 共建"一带一路"提出的背景

我国经济发展的阶段性特征出发,适应新常态,保持战略上的平常心态。2022年党的二十大报告提出:我们要坚持以推动高质量发展为主题,把实施扩大内需战略同深化供给侧结构性改革有机结合起来,增强国内大循环内生动力和可靠性,提升国际循环质量和水平,加快建设现代化经济体系,着力提高全要素生产率,着力提升产业链供应链韧性和安全水平,着力推进城乡融合和区域协调发展,推动经济实现质的有效提升和量的合理增长。适应新常态,中国需要在尊重规律中顺势而为。共建"一带一路"正是"顺势"的直接体现。

中国经济转型为共建"一带一路"提供了可持续的发展动力。在理念上,"一带一路"是所有国家不分大小、贫富,平等相待共同参与合作。中国作为最大的发展中国家和全球第二大经济体,作为共建"一带一路"的发起国,是推动全球经济走出复苏乏力的关键力量。随着供给侧结构性改革的成效显现,中国经济转型的内生动力还将进一步增强,从而为"一带一路"提供可持续的发展动力。与此同时,共建"一带一路"有助于国内制造业转型升级,为中高端制造业的发展开拓海外市场,引领国内产业向中高端迈进,努力推动产业链再造和价值链提升。"一带一路"将为创新提供新的动力。习近平总书记强调,我们要将"一带一路"建成创新之路。创新是推动发展的重要力量。共建"一带一路"本身就是一个创举,搞好共建"一带一路"也要向创新要动力;"一带一路"合作建设面向共建国家的科技新联盟和科技创新基地,为各国共同发展创造机遇和平台。与此同时,共建"一带一路"在互联互通基础上推动贸易便利化发展,将大大提升中国与各国的贸易往来,从而在全球贸易增长乏力的不利条件下,为中间制造业转型升级提供广阔的回旋余地。

共建"一带一路"是推动开放型经济建设的必然要求。中共中央国务院《关于构建开放型经济新体制的若干意见》中提出了开放型经济新体制的总体目标,加快培育国际合作和竞争新优势,更加积极地促进内需和外需平衡、进口和出口平衡、引进外资和对外投资平衡,逐步实现国际收支基本平衡,形成全方位开放新格局,实现开放型经济治理体系和治理能力现代化,在扩大开放中树立正确义利观,切实维护国家利益,保障国家安全,推动我国与世界各国共同发展,构建互利共赢、多元平衡、安全高效的开放型经济新体制。加快推进共建"一带一路"是实现这一目标的关键举措。通过"一带一路"构建陆海内外联动、东西双向开放的全面开放新格局，将有助于在中国新一轮改革开放过程中，切实改善内外、东西、南北等发展不平衡问题。

共建"一带一路"符合我国经济发展内生性要求，也有助于带动我国边疆民族地区发展。受地理位置、交通条件等因素的影响，经济发展不均衡、对外开放水平参差不齐的现象越来越突出，成为我国发展的一大瓶颈。东部沿海交通便利、资金技术密集，已然跻身发达板块行列，中西部地区受制于自然状况、交通条件和历史原因等因素发展滞后。共建"一带一路"不仅能够有效促进东部发达地区的产业转型升级，还有利于全面提升中西部地区的对外开放程度，为开放程度不高的地区增添新的经济活力，促使中西部从内陆沿边地区成为开放前沿。这是扭转中国区域发展失衡的新契机。2015年3月发布的《推动共建丝绸之路经济带和21世纪海上丝绸之路的愿景与行动》中强调，推进共建"一带一路"，中国将充分发挥国内各地区比较优势，实行更加积极主动的开放战略，加强东中西互动合作，全面提升开放型经济水平。西北、西南、东北、沿海等各个地区都有明确的战略分工。这就要求地方政府充分发挥对外事务职能，主动推动对外交流与合作。地方政府依托自身的区位优势，单独制订不同版本的对接方案，为"一带一路"总体规划服务。"一带一路"的根本在地方政府层面，需要有中央与地方、官方与企业、国内与国外统筹考虑的网络化设计。"一带一路"的持续推进从一定程度上重新调试了中央与地方的关系，赋予次国家政府外交更多战略性的作用和意义，也为中国企业参与更广阔的市场发展提供了新空间。

共建"一带一路"是提升中国经济发展质量的新引擎。推动中国经济向形态更高级、分工更复杂、结构更合理阶段演进，是我们做好经济工作的出发点。"一带一路"贯穿欧亚非大陆，覆盖全球经济增长最活跃的多个国家和地区。通过扩大与共建国家双向广泛务实的经贸合作，能够改善和拓宽中国经济发展的国际环境与市场空间，有利于促进产业转型升级，促进经济朝着提质增效方向发展。"一带一路"致力于实现"五通"，将疏通世界经济脉络，促进要素自由流动，实现资源高效合理配置，为中国充分发挥比较优势提供舞台。例如，"一带"覆盖的中亚五国，能源资源相对富集，但缺乏人力保障与技术支撑，基础设施建设囿于资金短缺而举步维艰；"一路"覆盖的东南亚地区，人力成本较低，但就业岗位不足，资金和技术相对紧缺。通过共建"一带一路"，不仅可以进一步发挥我国在资本、技术、市场等方面的比较优势，也有助于推动市场、产业和项目实现彼此深度融合，形成各取所需、优势互补、互惠互利、共享共赢的良好局面。

在2018年8月27日召开的推进"一带一路"建设工作5周年座谈会上，习近平总书记指出，5年来，共建"一带一路"大幅提升了我国贸易投资自由化便利化水平，推动我国开放空间从沿海、沿江向内陆、沿边延伸，形成陆海内外联动、东西双向互济的开放新格局。换言之，通过共建"一带一路"，中国的对外贸易投资水平得到大幅提升，正在形成全面开放的崭新格局。共建"一带一路"开启了中国发展的新征程，将谱写出新一轮改革开放的历史篇章。

二、共建"一带一路"的国际期待

以建立全球互联互通伙伴关系为目标的共建"一带一路"是中国首次提出的国际治理新模式，也是中国响应世界多极化、发展机制包容性、全球治理机制有效性诉求的新方案。中国自改革开放以来，经济高速发展，国际影响力不断提高。中国道路、中国模式、中国方案不断吸引着全球各国的目光。而深化互联互通，发展互联互通伙伴关系，共建"一带一路"正是中国参与全球治理、为世界贡献中国智慧的重要体现。中国本身也是当前全球治理体系的受益者，提出互联互通理念并不是要推翻或大幅修正当前治理体系，而是对其进行补充和调整。中国坚持以尊重和不挑战各国政治制度和已存在的区域合作机制为前提，充分发挥现有合作框架的作用，在平等互利的基础上与世界各国分享发展红利，促进共同发展，这更点燃了既希望加快发展又希望保持自身独立性的发展中国家和民族的希望，为广大发展中国家提供了一个全新而有吸引力的发展选择。

流行性疾病、气候变化、粮食安全、能源安全等全球性危机和挑战需要多边主义共同应对。世界经济论坛发布的《2022年全球风险报告》认为，气候行动失败和社会危机成为2022年度全球主要风险，强调各国必须齐心协力，开展多方协作，共同应对持续的全球性挑战。"一带一路"是和平之路、繁荣之路、开放之路、创新之路、文明之路、绿色之路,有助于从根本上解决全球面临的诸多现实挑战,特别是发展问题与气候问题。共建"一带一路"正是中国以负责任的发展中大国身份提出的,充满中国智慧与大国担当的有效解决方案。中国推进互联互通,发挥中国产能、技术、资金优势,向沿线国家提供更多的公共产品,更加积极有为地解决现有全球性挑战。这一行动在当前主导国际秩序的美国和其他西方国家推卸国际责任、不断减少公共产品投入的情况下尤为重要。

中国不仅是共建"一带一路"的倡议者,更是负责任、有担当的实践者。共建"一带一路"不是另起炉灶、推倒重来,而是要实现战略对接、优势互补,构建以合作共赢为核心的新型国际关系,打造对话不对抗、结伴不结盟的伙伴关系;着力化解热点,坚持政治解决;助推世界经济发展,共享发展红利、实现互利共赢;既有利于塑造良好的国际形象,也有助于应对国际格局变化、发展与周边国家关系、实现和平崛起;既是深化与世界各国互利合作的战略契合点,也是全球发展与全球治理的新的着力点。

共建"一带一路"提出来之后,引起了国际社会的广泛关注,大多数国家的主流媒体和公众舆论积极欢迎共建"一带一路",期待借助这一倡议实现合作共赢。例如在 21 世纪海上丝绸之路共建国家,东南亚媒体对共建"一带一路"看法不一,但正面报道占主流。以新加坡、马来西亚为代表的东盟国家媒体密切关注共建"一带一路"最新进展,舆论反响较为积极,普遍认为"一带一路"有助于东盟之间互联互通,并促进中国与东盟国家关系的可持续发展。其他地区和国家也都抱有很高的期待。世界银行《"一带一路"经济学:交通走廊的机遇与风险》报告测算,全面实施共建"一带一路"可帮助 3 200 万人摆脱中度贫困,使全球和"一带一路"经济体的贸易额分别增加 6.2% 和 9.7%,使全球收入增加 2.9%。联合国亚太经社会(UNESCAP)发布《"一带一路"倡议在亚太地区实现无缝互联互通并促进可持续发展》。美国前助理国务卿丹尼尔·拉塞尔领衔撰写的《为"一带一路"倡议导航》、德意志银行《"一带一路"倡议白皮书》和毕马威《共绘"一带一路"工笔画——吸引国际私有资本参与沿线国家基础设施建设》等重大研究报告,以各种案例和翔实的数据证明了共建"一带一路"对各国社会经济发展的促进作用,驳斥了美西方负面舆论,同时积极建言献策,呼吁同中国加强共建"一带

第一章 共建"一带一路"提出的背景

一路"合作。

"共建'一带一路'谋求合作最大公约数,将中国发展机遇同各国分享,顺应合作共同发展的时代潮流,受到越来越多国家的积极响应。"俄罗斯俄中分析中心主任萨纳科耶夫(Sergey Sanakoev)表示,"一系列共建'一带一路'项目落地生根,有力弥补共建国家和地区长期存在的巨大基础设施缺口,为当地经济社会发展发挥积极作用。随着共建'一带一路'高质量发展不断推进,相信中国将与各国不断实现精准对接,激活更多合作动能,为各国互利共赢开辟更广阔前景。在斯洛文尼亚前总统图尔克看来,中国以自身发展推动全球经济复苏,'一带一路'已成为全球最大,同时也最根本、最重要的合作框架之一,在全球产生了长远影响。'一带一路'相关项目涉及全球多个国家,广泛覆盖了重要的地缘位置,其潜能巨大"。

近年来随着中国的迅速发展,国际社会越来越多地把目光投向以中国为代表的新兴国家,期待中国能够为世界的稳定与发展发挥更大作用,推动国际体系和全球治理改革。正如习近平主席所指出的,中国正在日益走近世界舞台的中央。通过我们自己的努力,中国正在成为国际形势的稳定锚,世界增长的发动机,和平发展的正能量，全球治理的新动力。客观来看，世界在变，中国在变，而中国与世界的关系也在发生着深刻的变化。当今世界正经历百年未有之大变局，这样的大变局不是一时一事、一城一国之变，是世界之变、时代之变、历史之变，能否应对好这一大变局，关键要看我们是否有识变之智、应变之方、求变之勇。中国选择共建"一带一路"正当其时。在各国相互连接更为紧密的全球化时代，世界真正需要的不是单枪匹马的英雄，而是同舟共济的合作伙伴。当前，世界各国相互依存空前加深，求和平、谋发展、促合作、图共赢成为不可阻挡的时代潮流。大国制衡、零和博弈等旧思维已难以为继，各国需要探寻国与国交往的新路径。共建"一带一路"正是顺应世界发展潮流的创新之举，也回应了国际社会的广泛期待。

思考题

1. 为什么说世界正处于百年未有之大变局？
2. 如何认识当前中国与世界关系发生的历史性变化？
3. 共建"一带一路"的国内需要是什么？
4. 国际社会如何看待共建"一带一路"？

第二章 共建"一带一路"的顶层设计

"一带一路"是促进共同发展、实现共同繁荣的合作共赢之路,是增进理解信任、加强全方位交流的和平友谊之路。中国始终秉持和平合作、开放包容、互学互鉴、互利共赢的丝绸之路精神,坚持共商共建共享原则,全方位推进务实合作,与世界各国共同打造政治互信、经济融合、文化包容的利益共同体、命运共同体和责任共同体。

第一节 共建"一带一路"的提出与发展

共建"一带一路"的提出与发展,是习近平主席站在时代潮头,在中国与世界关系发生重要演变的关键时期,综合国际国内发展大势作出的抉择,向世界展现了中国的新担当与新作为。

一、共建"一带一路"的提出

"一带一路"具有深厚的历史传承。公元前 100 多年,中国就开始开辟通往西域的丝绸之路。汉代张骞于公元前 139 年和公元前 119 年两次出使西域,向西域传播了中国文化,也引进了葡萄、苜蓿、石榴、胡麻、芝麻等西域文明成果。西汉时期,中国的船队就到达了印度和斯里兰卡,用中国的丝绸换取了琉璃、珍珠等物品。丝绸之路在隋唐时期较为兴盛。唐代是中国历史上对外交流的活跃期,据史料记载,唐代中国通使交好的国家达 70 多个,多国使团和商旅通过丝绸之路抵达长安。那个时候的首都长安里来自各国的使臣、商人、留学生云集成群。这个大交流促进了中华文化远播世界,也促进了各国文化和物产传入中国。15 世纪初,中国明代著名航海家郑和七次远洋航海,到了东南亚许多国家,一直抵达非洲东海岸的肯尼亚,留下了中国同沿途各国人民友好交流的佳话,也将海上丝绸之路的路线进一步拓展。可以看到，历史上，丝绸之路是连接亚洲、欧洲和非洲三大洲古代文明圈的重要通道，是中国对外联系的海上和陆上通道。1877年，德国地理学家李希霍芬在《中国》一书第1卷中，将"从公元前114年至公元127年间，中国与中亚、中国与印度间以丝绸贸易为媒介的这条西域交通道路"命名为"丝绸之路"。李希霍芬"丝绸之路"的提法得到了广泛的传播。

"丝绸之路"尽管不同历史时期盛衰多变，但都为东西交流互鉴作出了积极贡献。首先，繁荣了中西方的贸易和商业往来，极大地推动了中西方物质繁荣，推动了财富、资源以及人员的流动。其次，促进了共建国家各民族之间的稳定。由于各民族之间经贸往来频繁，同时伴随着文化交流所带来的相互理解，各民族之间没有爆发较大规模的冲突战争。同时，丝绸之路上各民族之间相互融合，取得了不同程度的发展进步。除此之外，古丝绸之路不仅仅繁荣了各国之间的经贸往来，更是搭建了世界文化沟通交流的平台，中外文明交流互鉴频繁展开。例如佛教产生于古代印度，但传入中国后，经过长期演化，佛教同中国儒家文化和道家文化融合发展，最终形成了具有中国特色的佛教文化，给中国人的宗教信仰、哲学观念、文学艺术、礼仪习俗等留下了深刻影响。而中国的造纸术、火药、印刷术、指南针四大发明带动了世界变革，推动了欧洲文艺复兴。中国哲学、文学、医药、丝绸、瓷器、茶叶等传入西方，渗入西方民众日常生活之中。这都展现了世界文化的多样性和文明交流互鉴的重要性，蕴含了包容开放的精神。

共建"一带一路"的提出是对传统丝路精神的传承，是中国在新的历史条件下实行全方位对外开放的重大举措，是推动构建人类命运共同体的重要实践平台，为世界提供了一项充满东方智慧的共同繁荣发展的方案。2013年9月7日，习近平主席在哈萨克斯坦纳扎尔巴耶夫大学发表了题为《弘扬人民友谊 共创美好未来》的演讲，提出了共同建设"丝绸之路经济带"的倡议。"二千一百多年前，中国汉代的张骞肩负和平友好使命，两次出使中亚，开启了中国同中亚各国友好交往的大门，开辟出一条横贯东西、连接欧亚的丝绸之路"。"千百年来，在这条古老的丝绸之路上，各国人民共同谱写出千古传诵的友好篇章。两千多年的交往历史证明，只要坚持团结互信、平等互利、包容互鉴、合作共赢，不同种族、不同信仰、不同文化背景的国家完全可以共享和平,共同发展。这是古丝绸之路留给我们的宝贵启示"。"为了使我们欧亚各国经济联系更加紧密、相互合作更加深入、发展空间更加广阔,我们可以用创新的合作模式,共同建设'丝绸之路经济带'。这是一项造福沿途各国人民的大事业"。为此,习近平主席还从加强政策沟通、道路联通、贸易畅通、货币流通和民心相通五个方面入手,强调以点带面,从线到片,逐步形成区域大合作。

2013 年 10 月 3 日,习近平主席在印度尼西亚国会发表演讲,明确提出了与东盟国家共建 21 世纪 "海上丝绸之路"的倡议。"东南亚地区自古以来就是海上丝绸之路的重要枢纽,中国愿同东盟国家加强海上合作,使用好中国政府设立的中国—东盟海上合作基金,发展好海洋合作伙伴关系,共同建设'21 世纪海上丝绸之路'。中国愿通过扩大同东盟国家各领域务实合作,互通有无、优势互补,同东盟国家共享机遇、共迎挑战,实现共同发展、共同繁荣"。共建"丝绸之路经济带"和"21 世纪海上丝绸之路"重大倡议提出之后,得到了国际社会的高度关注,使传统丝绸之路焕发出新的生机与活力。

此后,"丝绸之路经济带"和"21 世纪海上丝绸之路"两大倡议频频出现在重要的中央文件中。2013年11月12日党的十八届三中全会通过的《中共中央关于全面深化改革若干重大问题的决定》明确提出,"建立开发性金融机构,加快同周边国家和区域基础设施互联互通建设,推进丝绸之路经济带、海上丝绸之路建设,形成全方位开放新格局"。在一个月之后召开的中央经济工作会议上,习近平总书记把"推进丝绸之路经济带建设,抓紧制定战略规划,加强基础设施互联互通建设。建设21世纪海上丝绸之路,加强海上通道互联互通建设,拉紧相互利益纽带"作为不断提高对外开放水平的任务内容。2014年政府工作报告提出,"抓紧规划建设丝绸之路经济带、21世纪海上丝绸之路,推进孟中印缅、中巴经济走廊建设,推出一批重大支撑项目,加快基础设施互联互通,扩展国际经济技术合作新空间"。可以看出,这两个倡议已经成为国家对外开放的重要组成部分,成为下一步国内发展和对外开放推进的重点。

从官方公布的文件来看,将"丝绸之路经济带"和"21世纪海上丝绸之路"统称为"一带一路"出现在2014年6月5日习近平总书记在中阿合作论坛第六届部长级会议的开幕式讲话中。在讲话中他强调要

第二章 共建"一带一路"的顶层设计

"弘扬丝路精神,深化中阿合作"。"'一带一路'是互利共赢之路,将带动各国经济更加紧密结合起来,推动各国基础设施建设和体制机制创新,创造新的经济和就业增长点,增强各国经济内生动力和抗风险能力。中国同阿拉伯国家因为丝绸之路相知相交,我们是共建'一带一路'的天然合作伙伴"。随后习近平总书记就中阿如何共建"一带一路"提出了具体建议。9月访问印度,习近平总书记在讲话中强调"中国提出共建'一带一路',就是要以加强传统陆海丝绸之路共建国家互联互通,实现经济共荣、贸易互补、民心相通。中国希望以'一带一路'为翼,同南亚国家一道实现腾飞"。在之后北京举办的"加强互联互通伙伴关系"东道主伙伴对话会、亚太经合组织第二十二次领导人非正式会议等活动上,"一带一路"都有所提及。不仅如此,在2014年11月4日召开的中央财经领导小组(现中央财经委员会)第八次会议上,习近平总书记专门就"一带一路"作出重要指示,强调要加快推进共建"一带一路",并提出了具体的工作方向。会议还研究通过了《丝绸之路经济带和21世纪海上丝绸之路规划》。总的来看,从2013年两次演讲中提出的倡议到2014年在越来越多的国内外会议上提到"一带一路","一带一路"在不断完善、改进中演进发展,逐渐由构想变为更加清晰的倡议,在国际上得到越来越多的关注。

二、共建"一带一路"的发展

2015年,共建"一带一路"的发展开始提速。2015年2月,推进"一带一路"建设工作领导小组正式成立,时任国务院副总理张高丽担任领导小组组长,王沪宁、汪洋和杨洁篪等四位中央领导担任副组长。领导小组办公室则设在了国家发展和改革委员会。3月,经国务院授权,国家发改委、外交部、商务部联合发布了《推动共建丝绸之路经济带和21世纪海上丝绸之路的愿景与行动》,从时代背景、共建原则、框架思路、合作重点、合作机制、中国各地方开放态势、中国积极行动、共创美好未来八个部分对共建"一带一路"进行了全面阐释,提出了共建"一带一路"的顶层设计框架,为共建"一带一路"的未来描绘了宏伟蓝图。在2015年10月29日召开的中共十八届五中全会第二次全体会议上,习近平总书记强调"一带一路"建设是扩大开放的重大战略举措和经济外交的顶层设计，要找准突破口，以点带面、串点成线，步步为营、久久为功。要推动全球经济治理体系改革完善，引导全球经济议程，维护多边贸易体制，加快实施自由贸易区战略，积极承担与我国能力和地位相适应的国际责任和义务。

共建"一带一路"的参与者范围不断扩大。2013年提出丝绸之路经济带时，目标是加强亚欧合作，而21世纪海上丝绸之路则更关注中国—东盟合作。2015年发布的愿景与行动文件中将"一带一路"描述为："一带一路"贯穿亚欧非大陆，一头是活跃的东亚经济圈，一头是发达的欧洲经济圈，中间广大腹地国家经济发展潜力巨大。丝绸之路经济带重点畅通中国经中亚、俄罗斯至欧洲（波罗的海）；中国经中亚、西亚至波斯湾、地中海；中国至东南亚、南亚、印度洋。21世纪海上丝绸之路重点方向是从中国沿海港口过南海到印度洋，延伸至欧洲；从中国沿海港口过南海到南太平洋。随后，"一带一路"的参与国开始不断扩大。截至2023年，我国已与152个国家、32个国际组织签署了200多份共建"一带一路"合作文件，涵盖互联互通、产能、投资、经贸、金融、科技、社会、人文、民生、海洋等合作领域。

国际社会不断表示对"一带一路"的支持。2015年7月10日,上海合作组织发表了《上海合作组织成员国元首乌法宣言》,支持中国关于建设丝绸之路经济带的倡议。2016年11月17日,联合国193个会员国协商一致通过决议,欢迎共建"一带一路"等经济合作倡议,呼吁国际社会为共建"一带一路"提供安全保障环境。2017年3月17日,联合国安理会一致通过第2344号决议,呼吁国际社会通过共建"一带一路"加强区域经济合作。中国积极履行国际责任,在共建"一带一路"框架下深化同各有关国际组织的合作,与联合国开发计划署、亚洲及太平洋经济社会委员会、世界卫生组织签署了共建"一带一路"的合作文件。

2016年8月17日,中央专门召开了推进"一带一路"建设工作座谈会。会上,习近平主席出席并发表重要讲话,就推进共建"一带一路"提出8项要求。这为"一带一路"的下一步发展指明了方向。

2017年5月14—15日,中国成功举办了首届"一带一路"国际合作高峰论坛。29个国家的元首和政府首脑与来自140多个国家、80多个国际组织的1 600多名代表齐聚北京,并有4 000多名各国记者采访报道了此次盛会。本次论坛主要包括开幕式、圆桌峰会,以及高级别会议和相关平行主题论坛三个部分。习近平主席出席开幕式并发表主旨演讲。这次高峰论坛是"一带一路"框架下最高规模的国际活动，也是新中国成立以来由中国首倡、中国主办的层次最高、规模最大的多边外交活动。通过高峰论坛这个平台，中国同与会国家和国际组织进行了全面的政策对接，签署了几十份合作文件，确立了未来一段时间的重点领域和路径。通过高峰论坛这个平台，各国之间形成了一份沉甸甸的成果清单，共 5 大类、76 大项、270 多项。中国作为"一带一路"的首倡国和论坛主办方，在对接政策和发展战略、推进经济走廊建设、加强重大项目合作、加大资金支持等方面提出了多项新举措，宣布丝路基金新增资金 1 000 亿元人民币，鼓励金融机构开展人民币海外基金业务，规模预计约 3 000 亿元人民币，等等，为共建"一带一路"提供更坚实的投融资支持。

2017 年 10 月，党的十九大胜利召开。习近平总书记在十九大报告中强调，要以"一带一路"建设为重点，坚持"引进来"和"走出去"并重，遵循共商共建共享原则，加强创新能力开放合作，形成陆海内外联动、东西双向互济的开放格局。党的十九大关于

《中国共产党章程（修正案）》的决议明确提出，将推进"一带一路"建设等内容写入党章。这充分体现了在中国共产党领导下，中国高度重视共建"一带一路"、坚定推进"一带一路"国际合作的决心和信心。

推进"一带一路"建设工作5周年座谈会在北京召开。会议要求深入学习贯彻党的十九大和中央经济工作会议精神，贯彻落实习近平重要讲话和指示精神，对共建"一带一路"工作进展情况进行总结和部署下一步重点工作。2018年，习近平主席4次踏出国门，出访行程超过了11万千米，足迹遍布亚非欧拉美13个国家，参加了金砖国家领导人会晤、亚太经合组织（APEC）领导人非正式会议以及二十国集团峰会等多场国际会议，参加了近200场外交活动，几乎场场都将共建"一带一路"作为主题之一。

2018年，中国—拉共体论坛第二届部长级会议通过了《"一带一路"特别声明》，标志着共建"一带一路"正式延伸至拉美。智利、乌拉圭、委内瑞拉、玻利维亚、厄瓜多尔等十多个拉美国家与中国签订了"一带一路"合作文件，半数拉美国家"入群"；特立尼达和多巴哥与中国签署的《共同推进丝绸之路经济带和21世纪海上丝绸之路建设的谅解备忘录》是中国同加勒比地区国家首份"一带一路"合作文件,拉美和加勒比地区已经成为共建"一带一路"重要参与方。

随着要求加入共建"一带一路"的国家不断增加,原来以古丝绸之路为背景,以欧亚大陆为基础,以六大经济走廊为框架的空间结构已不能满足需求。"一带一路"正从地图上的点和线转变为面向全球的开放平台,不仅美洲、大洋洲和非洲一些国家积极接入,北极圈国家也通过"冰上丝绸之路"与中国开拓新的互联互通路线。2018年1月国务院发布了《中国的北极政策》白皮书,提出共建"冰上丝绸之路",参与"北极航道基础设施建设,稳步推进北极航道的商业化利用和常态化运行,包括矿产、渔业资源和旅游资源开发"。与此同时,着力推动"数字丝绸之路"。在2018年4月召开的全国网络安全和信息化工作会议上,习近平总书记强调,要以"一带一路"建设等为契机,加强同共建国家特别是发展中国家在网络基础设施建设、数字经济、网络安全等方面的合作,建设21世纪数字丝绸之路。

2019年4月22日,推进"一带一路"建设工作领导小组发布《"一带一路"倡议:进展、贡献与展望》的报告。报告从客观、理性、公正的视角总结了共建

"一带一路"提出以来,在政策、基础设施、贸易、金融和人文交流等方面取得的成果,旨在进一步增进国际社会对共建"一带一路"的深入了解,促进各国政治互信、经济互融、人文互通,携手应对世界经济面临的挑战,开创发展新机遇,谋求发展新动力,开启共建"一带一路"新征程。

4月25日至27日,第二届"一带一路"国际合作高峰论坛在北京成功举行。论坛的主题是"共建'一带一路'、开创美好未来"。论坛期间举行了高峰论坛开幕式、领导人圆桌峰会、高级别会议、12场分论坛和1场企业家大会。包括中国在内,38个国家的元首和政府首脑等领导人以及联合国秘书长和国际货币基金组织总裁共40位领导人出席圆桌峰会。来自150个国家、92个国际组织的6 000余名外宾参加了论坛。论坛期间,习近平主席出席高峰论坛开幕式并发表主旨演讲,全程主持了领导人圆桌峰会,同与会各国领导人举行了双边会见。此次论坛确立了高质量共建"一带一路"的目标,强调构建全球互联互通伙伴关系,形成了一份283项成果清单。80多个国家和地区的政府官员、国际组织和机构代表、商协会代表、中外知名企业家共800多人出席。中外企业对接洽谈并签署合作协议，总金额 640 多亿美元，展现了"一带一路"带来的巨大商机。同时，一个以高峰论坛为引领、各领域双多边合作为支撑的"一带一路"国际合作架构已基本成型。通过发挥元首外交引领作用，既推动了共建"一带一路"，又促进了中国同各国双边关系的发展。共建"一带一路"的朋友越来越广、伙伴越来越多、合作越来越深入。"一带一路"国际合作高峰论坛成为各参与国、国际组织深化交往和合作的重要平台。

第二节 共建"一带一路"的核心体系

经过 10 年的迅速发展，"一带一路"已经成为全球范围内具有重大影响的公共产品，也是最具发展前景和潜力的全球性合作平台。围绕共建"一带一路"已经形成了以"五大方向""六廊、六路、多国、多港"为主体框架，以"五通"为主要合作内容的科学体系，各项具体工作正在有序推进。

一、共建"一带一路"中的"五通"

"五通"即政策沟通、设施联通、贸易畅通、资金融通和民心相通,是共建"一带一路"的核心内容。习近平总书记多次深入阐释"五通"内涵,提出深化"五通"合作的务实举措。促进"一带一路"国际合作,就要以"五通"为抓手,广泛凝聚合作共识,全面提升合作水平。

第一,加强政策沟通,形成政策协调、规划对接的合力,促进相关国家协同联动发展,不断夯实共建"一带一路"的政治基础。加强政策沟通是共建"一带一路"的重要保障。加强政府间合作,积极构建多层次政府间宏观政策沟通交流机制,深化利益融合,促进政治互信,达成合作新共识。共建各国可以就经济发展战略和对策进行充分交流对接,共同制定推进区域合作的规划和措施,协商解决合作中的问题,共同为务实合作及大型项目实施提供政策支持。

第二,加强设施联通,以重大项目和重点工程为引领,不断完善共建"一带一路"的基础设施网络。基础设施互联互通是共建"一带一路"的优先领域。

在尊重相关国家主权和安全关切的基础上,共建国家宜加强基础设施建设规划、技术标准体系的对接,共同推进国际骨干通道建设,逐步形成连接亚洲各次区域以及亚欧非之间的基础设施网络。强化基础设施绿色低碳化建设和运营管理,在建设中充分考虑气候变化影响。

设施联通还需要抓住交通基础设施的关键通道、关键节点和重点工程,优先打通缺失路段,畅通"瓶颈"路段,配套完善道路安全防护设施和交通管理设施设备,提升道路通达水平。推进建立统一的全程运输协调机制,促进国际通关、换装、多式联运有机衔接,逐步形成兼容规范的运输规则,实现国际运输便利化。推动口岸基础设施建设,畅通陆水联运通道,推进港口合作建设,增加海上航线和班次,加强海上物流信息化合作。拓展建立民航全面合作的平台和机制,加快提升航空基础设施水平。加强能源基础设施互联互通合作,共同维护输油、输气管道等运输通道安全,推进跨境电力与输电通道建设,积极开展区域电网升级改造合作。共同推进跨境光缆等通信干线网络建设,提高国际通信互联互通水平,畅通信息丝绸之路。加快推进双边跨境光缆等建设,规划建设洲际海底光缆项目,完善空中(卫星)信息通道,扩大信息交流与合作。

第三,加强贸易畅通,促进贸易和投资自由化便利化,不断释放互利合作的活力。投资贸易合作是共建"一带一路"的重点内容。需要着力研究解决投资贸易便利化问题,消除投资和贸易壁垒,构建区域内和各国良好的营商环境,积极同共建国家和地区共同商建自由贸易区,激发释放合作潜力,做大做好合作"蛋糕"。

第四,加强资金融通,深化金融领域合作,不断健全共建"一带一路"的多元化投融资体系。资金融通是共建"一带一路"的重要支撑。深化金融合作,推进亚洲货币稳定体系、投融资体系和信用体系建设。扩大共建国家双边本币互换、结算的范围和规模。推动亚洲债券市场的开放和发展。共同推进亚洲基础设施投资银行、金砖国家新开发银行筹建,有关各方就建立上海合作组织融资机构开展磋商。加快丝路基金组建运营。深化中国—东盟银行联合体、上合组织银行联合体务实合作,以银团贷款、银行授信等方式开展多边金融合作。支持共建国家政府和信用等级较高的企业以及金融机构在中国境内发行人民币债券。符合条件的中国境内金融机构和企业可以在境外发行人民币债券和外币债券,鼓励在共建国家使用所筹资金。

第五,加强民心相通,不断搭建与世界各国友好往来的桥梁,促进不同文明互学互鉴、各国民众相知相亲。民心相通是共建"一带一路"的重要内容,也是共建"一带一路"的人文基础。要坚持经济合作和人文交流共同推进,注重在人文领域精耕细作,尊重各国人民文化历史、风俗习惯,加强同共建国家人民的友好往来,为共建"一带一路"打下广泛社会基础。

二、共建"一带一路"中的高质量共建"一带一路"理念

2018年8月,在推进"一带一路"建设工作5周年座谈会上,习近平总书记提出,"经过夯基垒台、立柱架梁的5年,共建'一带一路'正在向落地生根、持久发展的阶段迈进。我们要百尺竿头、更进一步,在保持健康良性发展势头的基础上,推动共建'一带一路'向高质量发展转变。这是下一阶段推进共建'一带一路'工作的基本要求"。这标志着共建"一带一路"正式进入高质量发展的新阶段。2019年4月举

办的第二届"一带一路"国际合作高峰论坛进一步确立了高质量共建"一带一路"的目标。习近平总书记在开幕式主旨演讲中强调,共建"一带一路"要向高质量发展,要秉持共商共建共享原则,坚持开放、绿色、廉洁理念,实现高标准、惠民生、可持续目标。要把支持联合国2030年可持续发展议程融入共建"一带一路",对接国际上普遍认可的规则、标准和最佳实践,统筹推进经济增长、社会发展、环境保护,让各国都从中受益,实现共同发展。

高质量共建"一带一路",首先要把共商共建共享原则落到实处,全方位推进务实合作。共建"一带一路"秉持共商共建共享原则,由各方平等协商、责任共担、共同受益。习近平总书记指出:"我们要秉持共商共建共享原则,倡导多边主义,大家的事大家商量着办,推动各方各施所长、各尽所能,通过双边合作、三方合作、多边合作等各种形式,把大家的优势和潜能充分发挥出来,聚沙成塔、积水成渊。"《第二届"一带一路"国际合作高峰论坛圆桌峰会联合公报》指出:"我们强调法治和为所有人创造公平机会的重要性,将在自愿参与和协商一致的基础上开展政策对接和项目合作,责任共担,成果共享。"

第二章 共建"一带一路"的顶层设计

其次要把开放、绿色、廉洁理念落到实处,共建充满生机、风清气正的丝绸之路。习近平指出:"我们要坚持开放、绿色、廉洁理念,不搞封闭排他的小圈子,把绿色作为底色,推动绿色基础设施建设、绿色投资、绿色金融,保护好我们赖以生存的共同家园,坚持一切合作都在阳光下运作,共同以零容忍态度打击腐败。我们发起了《廉洁丝绸之路北京倡议》,愿同各方共建风清气正的丝绸之路。"

开放意味着,一方面支持开放型经济以及包容和非歧视的全球市场;另一方面欢迎所有感兴趣的国家参与合作,"旗帜鲜明反对保护主义""不搞封闭排他的小圈子"。绿色意味着,把绿色作为底色,推动绿色基础设施建设、绿色投资、绿色金融,保护好我们赖以生存的共同家园。共建"一带一路"要重视促进绿色发展,应对环境保护及气候变化的挑战,加强在落实《巴黎协定》方面的合作。廉洁意味着,坚持一切合作都在阳光下运作,共同以零容忍态度打击腐败。廉洁是共建"一带一路"走深走实、行稳致远的坚强保障。各方要建设廉洁文化,打击腐败,共建风清气正的丝绸之路。

最后要把实现高标准、惠民生、可持续目标落到实处，让共建"一带一路"成果惠及各方。高标准，就是引入各方普遍支持的规则标准，推动企业在项目建设、运营、采购、招投标等环节按照普遍接受的国际规则标准进行，同时要尊重各国法律法规。惠民生，就是坚持以人民为中心的发展思想，聚焦消除贫困、增加就业、改善民生，让共建"一带一路"成果更好惠及全体人民，为当地经济社会发展作出实实在在的贡献。可持续，就是要把支持联合国2030年可持续发展议程融入共建"一带一路"，统筹推进经济增长、社会发展、环境保护，确保商业和财政上的可持续性，做到善始善终、善作善成。《第二届"一带一路"国际合作高峰论坛圆桌峰会联合公报》指出："我们追求高标准、惠民生、可持续。相关合作将遵守各国法律法规、国际义务和可适用的国际规则标准，并将本着以人民为中心的理念，促进包容性和高质量的经济增长并改善民生。我们致力于在各个层面促进合作的可持续性。"

习近平主席提出高质量共建"一带一路"，这是推动世界经济强劲和包容增长的现实需要，是中国经济进入高质量发展阶段的自然延伸，是共建"一带一路"从"大写意"到"工笔画"的必然选择。随着中国特色社会主义进入新时代，我国的经济发展也迈入了新时代，其基本特征就是经济建设正由高速增长阶段转向高质量发展。推动高质量发展，是保持经济持续健康发展的必然要求，是适应我国社会主要矛盾变化和全面建成小康社会、全面建设社会主义现代化国家的必然要求，是遵循经济规律发展的必然要求。与之相适应，共建"一带一路"也正从最初的战略大写意转向精谨细腻的工笔画。聚焦重点、深耕细作，推动共建"一带一路"沿着高质量发展方向不断前进，成为下一阶段的基本要求。

绘制精谨细腻的"一带一路"工笔画，需要开展全方位对接合作，进一步明确合作重点和路径；要着眼于更深入的务实合作、更开放的联动发展、更广泛的互利共赢。要以高质量基础设施建设和产业合作为重点，解决好金融支撑、投资环境、风险管控、民心相通等关键问题。要为此建立工作机制、完善配套支持，形成更多可视化成果。这标志着共建"一带一路"重心进一步下沉，重点进一步明确，规划将更加科学，着力将更加精准，必将迈上走深走实、行稳致远的新征程。

三、共建"一带一路"中的全球互联互通伙伴关系

共建"一带一路"以实现互联互通建设为基础。如果将"一带一路"比喻为亚洲腾飞的两只翅膀,那么互联互通就是两只翅膀的血脉经络。只有打通了血脉经络,才能保证人员、资金、货物的流通,才能真正促进共建"一带一路"。作为对外政策的重要组成部分,互联互通近年来频繁出现在中国与其他国家的合作文件中。鉴于地缘联系和政策发展的需要,周边国家是互联互通最早涉及的区域,也始终是互联互通的优先方向和发展重点。2011 年,《人民日报》刊发了题为"互联互通,打造经济活力地带"的文章,分析了中国—东盟合作的一些特点。这是官方媒体较早出现互联互通这一表述。2013 年,党的十八届三中全会审议通过《中共中央关于全面深化改革若干重大问题的决定》,提出要"加快同周边国家和区域基础设施互联互通建设"。

2014 年,"加强互联互通伙伴关系"东道主伙伴对话会在北京召开。习近平主席对互联互通进行了高屋建瓴、全面深入的阐述。他提出,"自古以来,互联

第二章 共建"一带一路"的顶层设计

互通就是人类社会的追求。我们的祖先在极为艰难的条件下,创造了许多互联互通的奇迹。丝绸之路就是一个典范,亚洲各国人民堪称互联互通的开拓者"。"今天,我们要建设的互联互通,不仅是修路架桥,不光是平面化和单线条的联通,而更应该是基础设施、制度规章、人员交流三位一体,应该是政策沟通、设施联通、贸易畅通、资金融通、民心相通五大领域齐头并进。这是全方位、立体化、网络状的大联通,是生机勃勃、群策群力的开放系统"。他宣布,中国将出资400亿美元成立丝路基金,为"一带一路"共建国家基础设施、资源开发、产业合作和金融合作等与互联互通有关的项目提供投融资支持。以率先实现亚洲国家联动发展、互联互通。他还指出,要"深化互联互通伙伴关系,优化亚洲区域合作,共建发展和命运共同体"。这从理念到实践为亚洲地区的互联互通指明了方向,也为之后召开的亚太经合组织领导人非正式会议做好了铺垫。在亚太经合组织第二十二次领导人非正式会议上,加强全方位基础设施与互联互通建设被列为重要议题。中国主张各国共同规划发展愿景,共同应对全球性挑战,共同打造合作平台,共同谋求联动发展。共建"一带一路",就是要以互联互通为着力点，促进生产要素自由便利流动，打造多元合作平台，实现共赢和共享发展。

互联互通同样是2016年在中国举行的二十国集团领导人杭州峰会的核心议题。2016年9月，习近平主席在二十国集团领导人杭州峰会上提出建设联动性世界经济，一方面通过宏观经济政策协调减少负面外部影响，另一方面倡导交流方案，解决制度、政策、标准不对称问题，夯实基础设施的联动，推动构建和优化全球价值链。同月，在第十九次东盟与中日韩（10+3）领导人会议上，中国呼吁加强共建"一带一路"与《东盟互联互通总体规划2025》对接，利用亚洲基础设施投资银行、丝路基金、10+3合作资金等平台，推进东亚海洋合作、产能合作，增进社会人文交流，推进东亚整体范围的互联互通。在2017年召开的首届"一带一路"国际合作高峰论坛上，互联互通是讨论的核心议题，各国强调通过国际、地区和国别合作框架和倡议带来合作机遇，共同致力于发展开放、自由的经济和贸易。习近平主席强调，"一带一路"建设国际合作要继续把互联互通作为重点，以重大项目和重点工程为引领，推进公路、铁路、港口、航空、油气管道、电力、通信网络等领域合作，打造基础设施联通网络。而从合作地区来看，亚洲地区仍是重点地区和方向，主张优先实现亚洲互联互通，同时加强欧亚联通，并对非洲、拉美及其他地区开放。

2019年4月，第二届"一带一路"国际合作高峰论坛正式提出"构建全球互联互通伙伴关系"，并将"推进互联互通，挖掘增长新动力"作为三大议题之一。构建全球互联互通伙伴关系，推动联动发展成为本次会议的成果亮点之一。习近平总书记强调，共建"一带一路"，关键是互联互通。我们应该构建全球互联互通伙伴关系，实现共同发展繁荣。与会各方对此普遍予以支持，同意在伙伴关系引领下，本着多边主义精神，合力推进全方位互联互通，建设高质量、可持续、抗风险、价格合理、包容可及的基础设施，并加强各国政策、规则和标准的"软联通"。各方期待就此同中方深化合作，支持"一带一路"同各国发展战略有效对接，与区域和国际发展议程相互融合。在第二届"一带一路"国际合作高峰论坛期间，有关国家和国际组织还在交通、税收、贸易、审计、科技、文化、智库、媒体等领域同中方签署了100多项多双边合作文件，一些国家和国际金融机构同中方签署了开展第三方市场合作文件。这些都是对构建全球互联互通伙伴关系的重要贡献。

伴随互联互通伙伴关系的范围进一步扩大，关于全球伙伴关系的讨论和实践也日益丰富。2019年6月，在第二十三届圣彼得堡国际经济论坛全会上，习近平主席提出，共建"一带一路"与俄罗斯"大欧亚伙伴"理念相通，并与俄达成共建"一带一路"与欧亚经济联盟对接的共识。习近平主席还在会上强调，要坚持共商共建共享，不断扩大开放，与各国分享最新科研成果，转变经济增长模式。同月，二十国集团领导人大阪峰会前最后一次二十国集团财长和央行行长会议核准了《二十国集团高质量基础设施投资原则》，再次重申"共商共建共享""互联互通"等重要理念。

经过了近几年的实践发展以及取得的突出成就，推动构建全球互联互通伙伴关系已经成为中国特色大国外交的重要组成部分，是中国伙伴关系外交在新时期的鲜明体现，也是推进"一带一路"高质量发展的理念支撑。从"一带一路"、互联互通的许多政策阐述和实践过程中，人们可以发现，"共"这一汉字是"一带一路"和互联互通的核心价值。从共建、共商、共享、共生，一直到命运共同体，都可以看到由"共"这一汉字衍生出来的许多词语。这个价值观更符合

"'一带一路'共建国家多元、多样的政治和文化生态"。可以看出，互联互通与伙伴关系在价值取向上是高度契合的。在构建全球互联互通伙伴关系的理念指引下，中国的共建"一带一路"取得了巨大的发展，也从实践上有力证明了伙伴关系外交的先进性和生命力。

第三节 共建"一带一路"的原则与愿景

"一带一路"是开放合作的产物，不是地缘政治工具，更不能用过时的冷战思维看待。推进共建"一带一路"坚持奉行"共商、共建、共享"的原则，坚持平等协商，坚持尊重各国的自主选择。"一带一路"的理念是共同发展，目标是合作共赢。它不是中方一家的"独奏曲"，而是各方共同参与的"交响乐"。

一、共建"一带一路"的重要原则

共建"一带一路"遵循"共商、共建、共享"的原则，在尊重各方意愿选择的基础上进行合作。2014

年在出席中国—阿拉伯国家合作论坛第六届部长级会议时，习近平总书记就强调，中阿共建"一带一路"，应该坚持共商、共建、共享原则。"共商，就是集思广益，好事大家商量着办，使'一带一路'建设兼顾双方利益和关切，体现双方智慧和创意。共建，就是各施所长，各尽所能，把双方优势和潜能充分发挥出来，聚沙成塔，积水成渊，持之以恒加以推进。共享，就是让建设成果更多更公平惠及中阿人民，打造中阿利益共同体和命运共同体。"

"共商、共建、共享"是新时代中国特色大国外交的重要内容，是中国共建"一带一路"和参与全球治理的基本原则，也是构建人类命运共同体的有效路径。2016年9月，在主持中央政治局第三十五次集体学习时，习近平总书记强调，"推动全球治理体系变革是国际社会大家的事，要坚持共商共建共享原则，使关于全球治理体系变革的主张转化为各方共识，形成一致行动"。2017年5月，习近平总书记在"一带一路"国际合作高峰论坛闭幕式致辞中强调，各方坚持共商、共建、共享原则，相互尊重、民主协商、共同决策，推动"一带一路"建设国际合作不断取得新进展，为构建人类命运共同体注入强劲动力。2017年10月，党的十九大报告再次明确提出共商、共建、共享的全球治理观。

"共商、共建、共享"作为共建"一带一路"的基本原则和核心要义,融合了西方文明和东方智慧,兼具世界视野和中国特色。具体来看,"共商"就是各国共同协商、深化交流,加强各国之间的互信,共商解决国际政治纷争与经济矛盾,使共建"一带一路"兼顾双方或各方利益关切,寻求利益契合点和合作最大公约数。"共商"原则的精髓是平等与尊重,国家不分大小、强弱、贫富,主权和尊严都应该得到尊重。这与一些西方国家推行的霸权主义和强权政治有本质上的不同。这一原则意味着共建"一带一路"倡导和谐包容,充分尊重各国发展道路与模式选择,尊重各国、各利益主体平等参与协商制定规则的权利,倡导不同文明之间加强对话,和平共处、求同存异、兼容并蓄。

"共建"即各国共同参与、合作共建,在建设"一带一路"的过程中各尽所能、各施其才,发挥各方优势和潜力,分享发展机遇,扩大共同利益。"共建"原则的精髓是合作与责任,共建"一带一路"不是仅仅依靠中国一家之力,而应集聚各国各方的力量,共同承担，共同创造更多的发展机遇。这一原则意味着共建"一带一路"倡导开放合作。共建"一带一路"植根于丝绸之路的历史土壤，重点面向亚欧非大陆，同时向所有朋友开放。不论来自亚洲、欧洲，还是非洲、美洲，都是共建"一带一路"国际合作的伙伴。可以看出，一方面，只要认同"一带一路"理念的国家、国际和地区组织均可以参加共建；另一方面，政府、企业和个人等不同市场主体都在共建"一带一路"中发挥着重要的作用。

"共享"，即各国平等发展、共同分享，就是让共建"一带一路"成果更多更公平惠及共建国家各国人民，打造利益共同体和命运共同体。"共享"原则的精髓在于普惠与共赢，这意味着共建"一带一路"不是以损害或牺牲其他国家利益为代价的"零和博弈"，中国也不会"独占"成果，而是以一种包容、开放的心态，期望与各国实现利益对接、互利共赢、共享成果。正如习近平总书记所说，"一带一路"建设将由大家共同商量，"一带一路"建设成果将由大家共同分享。"各国都应该成为全球发展的参与者、贡献者、受益者。不能一个国家发展、其他国家不发展，一部分国家发展、另一部分国家不发展。各国能力和水平有差异,在同一目标下,应该承担共同但有区别的责任"。"共享"是共建"一带一路"的重要目标,也是共建"一带一路"的持久动力。

共建"一带一路"秉持的是共商、共建、共享原则,不是封闭的,而是开放包容的;不是中国一家的独奏,而是共建国家的合唱。共建"一带一路"源于中国,但机会和成果属于世界,中国不打地缘博弈小算盘,不搞封闭排他小圈子,不做凌驾于人的强买强卖。需要指出的是,共建"一带一路"是全新的事物,在合作中有些不同意见是完全正常的,只要各方秉持和遵循共商共建共享的原则,就一定能增进合作、化解分歧,把"一带一路"打造成为顺应经济全球化潮流的最广泛国际合作平台,让共建"一带一路"更好造福各国人民。"共商、共建、共享"原则体现了中国希望与世界各国和平合作、开放包容、互学互鉴、互利共赢的理念,既是对古代丝绸之路精神的传承,也体现了中国发展理念的创新,是中国参与全球治理的根本遵循,为共建"一带一路"和构建人类命运共同体注入了持久的动力。

二、共建"一带一路"的美好愿景

习近平主席在首届"一带一路"国际合作高峰论坛上指出,我们完全可以从古丝绸之路中汲取智慧和力量,本着和平合作、开放包容、互学互鉴、互利共赢的丝路精神推进合作,共同开辟更加光明的前景。要将"一带一路"建成和平之路、繁荣之路、开放之路、创新之路、文明之路。这是各国共同推进"一带一路"建设的美好愿景。

坚持合作共赢,努力建成和平之路。古丝绸之路,和时兴,战时衰。"一带一路"建设离不开和平安宁的环境。和平是交流、合作、发展、繁荣的前提,只有在和平安宁的环境下,才能建设好"一带一路",造福各国人民。要着力构建以合作共赢为核心的新型国际关系,打造对话不对抗、结伴不结盟的伙伴关系。推动各国加强合作,通过对话化解分歧,坚持政治解决;通过协商解决争端,坚持公道正义;努力消除贫困落后和社会不公,营造共建共享的安全格局,打造和谐家园,建设和平世界。

坚持共建共享，努力建成繁荣之路。"发展是解决一切问题的总钥匙"。聚焦发展这个根本性问题，打破发展瓶颈，缩小发展差距，共享发展成果。抓住产业这一经济之本，推动各国深入开展产业合作；畅通金融这一现代经济的血脉，建立稳定、可持续、风险可控的金融保障体系；夯实设施联通这一合作发展的基础，着力推动陆上、海上、天上、网上四位一体的联通，实现经济大融合、发展大联动、成果大共享。

坚持开放包容，努力建成开放之路。"开放带来进步，封闭导致落后"，"文明在开放中发展，民族在融合中共存"。以开放为导向，解决经济增长和平衡问题。着力打造开放型合作平台，维护和发展开放型世界经济，推动构建公正、合理、透明的国际经贸投资规则体系，促进贸易和投资自由化便利化，促进生产要素有序流动、资源高效配置、市场深度融合；妥善解决发展失衡、治理困境、数字鸿沟、收入差距等问题，努力实现在开放中合作、在合作中共赢。"一带一路"建设是开放包容的发展平台，各国都是平等的参与者、贡献者、受益者。各国要以海纳百川的胸襟，坚持共商共建共享原则，相互尊重、民主协商、共同决策，在开放中合作，在合作中共赢。

坚持创新驱动，努力建成创新之路。"创新是推动发展的重要力量。'一带一路'建设本身就是一个创举，搞好'一带一路'建设也要向创新要动力。"大力推进创新驱动发展，抓住新工业革命的发展新机遇，推动大数据、云计算、智慧城市建设；着力优化创新环境，促进科技同产业、科技同金融深度融合，更好集聚创新资源，成就各国青年的创新梦想；大力倡导绿色、低碳、循环、可持续的生产生活方式，共同实现2030年可持续发展目标。

坚持交流互鉴，努力建成文明之路。"一带一路"建设要以文明交流超越文明隔阂、让广大民众成为"一带一路"建设的主力军和受益者。"'一带一路'建设是伟大的事业，需要伟大的实践"。

习近平主席强调，"一带一路"建设是伟大的事业，需要伟大的实践。我们要秉持在开放中合作、在合作中共赢的战略思维，一步一个脚印推进"一带一路"建设，确保美好愿景变为现实。

思考题

1. 如何理解共建"一带一路"中的"五通"?
2. 共建"一带一路"应该遵循什么原则?
3. 共建"一带一路"如何才能实现高质量发展?
4. 共建"一带一路"的目标是什么?

第三章　共建"一带一路"取得的丰硕成果和重大意义

2013年以来,在党中央坚强领导下,我们统筹谋划推动高质量发展、构建新发展格局和共建"一带一路",坚持共商共建共享原则,把基础设施"硬联通"作为重要方向,把规则标准"软联通"作为重要支撑,把同共建国家人民"心联通"作为重要基础,推动共建"一带一路"高质量发展,取得实打实、沉甸甸的成就。通过共建"一带一路",提高了国内各区域开放水平,拓展了对外开放领域,推动了制度型开放,构建了广泛的朋友圈,探索了促进共同发展的新路子,实现了同共建国家互利共赢。

第三章 共建"一带一路"取得的丰硕成果和重大意义

第一节 共建"一带一路"取得的丰硕成果

2013年以来,共建"一带一路"以政策沟通、设施联通、贸易畅通、资金融通和民心相通为主要内容扎实推进,取得明显成效,一批具有标志性的早期成果开始显现,参与各国得到了实实在在的好处,对共建"一带一路"的认同感和参与度不断增强。

一、政策沟通

政策沟通是共建"一带一路"的重要保障,是形成携手共建行动的重要先导。2013年以来,中国与有关国家和国际组织充分沟通协调,形成了共建"一带一路"的广泛国际合作共识。

首先,"一带一路"建设载入国际组织重要文件。"一带一路"建设及其核心理念已写入联合国、二十国集团、亚太经合组织以及其他区域组织等有关文件中。2015年7月,上海合作组织发表了《上海合作组织成员国元首乌法宣言》,支持关于建设丝绸之路经济带的倡议。2016年9月,《二十国集团领导人杭州峰会公报》通过关于建立"全球基础设施互联互通联盟"倡议。2016年11月,联合国193个会员国协商一致通过决议,欢迎"一带一路"建设等经济合作倡议,呼吁国际社会为"一带一路"建设提供安全保障环境。2017年3月,联合国安理会一致通过第2344号决议,呼吁国际社会通过"一带一路"建设加强区域经济合作,并首次载入"人类命运共同体"理念。2018年,中拉论坛第二届部长级会议、中国—阿拉伯国家合作论坛北京第八届部长级会议、中非合作论坛北京峰会先后召开,分别形成了中拉《关于"一带一路"倡议的特别声明》《中国和阿拉伯国家合作共建"一带一路"行动宣言》《关于构建更加紧密的中非命运共同体的北京宣言》等重要成果文件。2019年11月,发布《中国—东盟关于"一带一路"倡议同〈东盟互联互通总体规划2025〉对接合作的联合声明》。

其次,签署共建"一带一路"政府间合作文件的国家和国际组织数量逐年增加。在共建"一带一路"框架下,各参与国和国际组织本着求同存异原则,就经济发展规划和政策进行充分交流,协商制定经济合作规划和措施。截至2023年,我国已与152个国家、

第三章 共建"一带一路"取得的丰硕成果和重大意义

32个国际组织签署了200多份共建"一带一路"合作文件,覆盖了我国83%的建交国,遍布五大洲和主要国际组织,构建了广泛的朋友圈。不仅克服了各国经济发展水平、制度体制、政策法规、文化风俗上的差异,促进了战略对接和政策协调,深化了利益融合,增强了战略互信,同时,以元首外交为引领,以政府间战略沟通为支撑,以地方和部门间政策协调为助力,以企业、社会组织等相互合作为载体,建立了多层次、多平台、多主题的常规性沟通渠道,形成了政策沟通的长效机制。

最后,共建"一带一路"专业领域对接合作有序推进。数字丝绸之路建设已成为共建"一带一路"的重要组成部分,中国与埃及、老挝、沙特阿拉伯、塞尔维亚、泰国、土耳其、阿联酋等国家共同发起《"一带一路"数字经济国际合作倡议》,与16个国家签署加强数字丝绸之路建设合作文件。中国发布《标准联通共建"一带一路"行动计划(2018—2020年)》,与49个国家和地区签署85份标准化合作协议。"一带一路"税收合作长效机制日趋成熟,中国组织召开"一带一路"税收合作会议,发布《阿斯塔纳"一带一路"税收合作倡议》,税收协定合作网络延伸至111

个国家和地区。中国与 49 个共建国家联合发布《关于进一步推进"一带一路"国家知识产权务实合作的联合声明》。中国组织召开"一带一路"法治合作国际论坛,发布《"一带一路"法治合作国际论坛共同主席声明》。中国组织召开"一带一路"能源部长会议,18 个国家联合宣布建立"一带一路"能源合作伙伴关系。中国发布《共同推进"一带一路"建设农业合作的愿景与行动》《"一带一路"建设海上合作设想》等。中国推动建立了国际商事法庭和"一站式"国际商事纠纷多元化解决机制。

二、设施联通

设施联通是共建"一带一路"的优先方向。在尊重相关国家主权和安全关切的基础上,由各国共同努力,以铁路、公路、航运、航空、管道、空间综合信息网络等为核心的全方位、多层次、复合型基础设施网络正在加快形成,区域间商品、资金、信息、技术等交易成本大大降低,有效促进了跨区域资源要素的有序流动和优化配置,实现了互利合作、共赢发展。

国际经济合作走廊和通道建设取得明显进展。新

第三章　共建"一带一路"取得的丰硕成果和重大意义

亚欧大陆桥经济走廊区域合作日益深入,将开放包容、互利共赢的伙伴关系提升到新的水平,有力推动了亚欧两大洲经济贸易交流。《中国—中东欧国家合作布达佩斯纲要》和《中国—中东欧国家合作索菲亚纲要》对外发布,中欧互联互通平台和欧洲投资计划框架下的务实合作有序推进。匈塞铁路塞尔维亚境内贝尔格莱德—诺维萨德段(贝诺段)通车,匈牙利段贷款协议签署,匈牙利段即将进入实施阶段。中国西部—西欧国际公路(中国西部—哈萨克斯坦—俄罗斯—西欧)基本建成。

中蒙俄三国积极推动形成以铁路、公路和边境口岸为主体的跨境基础设施联通网络。2018年,三国签署《关于建立中蒙俄经济走廊联合推进机制的谅解备忘录》,进一步完善了三方合作工作机制。三国签署并核准的《关于沿亚洲公路网国际道路运输政府间协定》正式生效。中蒙俄(二连浩特)跨境陆缆系统已建成。

中国—中亚—西亚经济走廊在能源合作、设施互联互通、经贸与产能合作等领域合作不断加深。中国与哈萨克斯坦、乌兹别克斯坦、土耳其等国的双边国际道路运输协定,以及中巴哈吉、中哈俄、中吉乌等多边国际道路运输协议或协定相继签署,中亚、西亚地区基础设施建设不断完善。中国—沙特投资合作论坛围绕共建"一带一路"与沙特"2030愿景"进行产业对接，签署合作协议总价值超过280亿美元。中国与伊朗发挥在各领域的独特优势，加强涵盖道路、基础设施、能源等领域的对接合作。

中国—中南半岛经济走廊在基础设施互联互通、跨境经济合作区建设等方面取得积极进展。中老经济走廊合作建设稳步推进，泰国"东部经济走廊"与共建"一带一路"加快对接，中国与柬老缅越泰（CLMVT）经济合作稳步推进。中国—东盟合作机制、澜湄合作机制、大湄公河次区域经济合作（GMS）发挥的积极作用越来越明显。

中巴经济走廊确定并实施了以能源、交通基础设施、瓜达尔港、产业园为重点的合作布局。中国与巴基斯坦组建了中巴经济走廊联合合作委员会，建立了定期会晤机制。一批项目顺利推进，瓜达尔港东湾快速路、白沙瓦至卡拉奇高速公路（苏库尔至木尔坦段）、喀喇昆仑公路升级改造二期（哈维连—塔科特段）、卡西姆港1 320兆瓦电站等重点项目开工建设，部分项目已发挥效益。中巴经济走廊正在开启第三方合作，更多国家已经或有意愿参与其中。

第三章 共建"一带一路"取得的丰硕成果和重大意义

孟中印缅经济走廊在联合工作组框架下共同推进走廊建设,在机制和制度建设、基础设施互联互通、贸易和产业园区合作、国际金融开放合作、人文交流与民生合作等方面研究并规划了一批重点项目。中缅两国共同成立了中缅经济走廊联合委员会,签署了关于共建中缅经济走廊的谅解备忘录、木姐—曼德勒铁路项目可行性研究文件和皎漂经济特区深水港项目建设框架协议。

在铁路建设方面,中老铁路正式建成通车,雅万高铁建设全面提速,为打造"一带一路"、中老友谊标志性工程和"一带一路"标志性项目奠定坚实基础。巴基斯坦拉合尔轨道交通橙线项目建成试车,中泰铁路、匈塞铁路等项目有序推进。泛亚铁路东线、巴基斯坦1号铁路干线升级改造、中吉乌铁路等项目正积极推进前期研究,中国—尼泊尔跨境铁路已完成预可行性研究。肯尼亚内罗毕—马拉巴标轨铁路(内马铁路)一期工程正式建成通车。中欧班列初步探索形成了多国协作的国际班列运行机制。2016年10月,推进"一带一路"建设工作领导小组办公室印发了中欧班列第一个顶层设计文件——《中欧班列建设发展规划(2016—2020年)》。2017年4月,中国、白俄罗斯、德国、哈萨克斯坦、蒙古国、波兰、俄罗斯等7国铁路部门签署《关于深化中欧班列合作协议》，成立中欧班列运输联合工作组；2019年9月，中欧班列运输协调委员会各成员单位共同签署《推进中欧班列高质量发展公约》。2020年11月，中欧班列年度开行首次突破万列。2016—2021年，中欧班列年开行数量由1 702列增长到15 183列，年均增长55%；年运输货值由80亿美元提升至749亿美元，增长了近9倍。截至2023年下半年，中欧班列历年累计开行超过7.3万列、690万标箱，通达欧洲25个国家216个城市。

在公路方面的合作，中蒙俄、中吉乌、中俄（大连—新西伯利亚）、中越国际道路直达运输试运行活动先后成功举办。2018年2月，中吉乌国际道路运输实现常态化运行。中越北仑河公路二桥建成通车。中国正式加入《国际公路运输公约》（TIR公约）。以共建"一带一路"为合作平台，中国与19个国家签署了22项双边、多边政府间国际道路运输便利化协定。《大湄公河次区域便利货物及人员跨境运输协定》实施取得积极进展。

港口合作方面，巴基斯坦瓜达尔港开通集装箱定期班轮航线，起步区配套设施已完工，吸引30多家企业入园。斯里兰卡汉班托塔港经济特区已完成园区产业定位、概念规划等前期工作。希腊比雷埃夫斯港建成重要中转枢纽，三期港口建设即将完工。阿联酋哈利法港二期集装箱码头已于 2018 年 12 月正式开港。中国与 66 个国家和地区签署了 70 个双边和区域海运协定。

伴随着共建"一带一路"的推进，中国与其他国家在航空运输、能源设施建设、通信设施建设等方面也取得了长足的进步。截至 2022 年底，中国已与 129 个国家和地区签署了双边航空运输协定，其中"一带一路"沿线国家 101 个。中俄天然气管道东线已于 2019 年 12 月部分实现通气，计划 2024 年全线通气。中缅油气管道全线贯通。中缅、中巴、中吉、中俄跨境光缆信息通道建设取得明显进展。与吉尔吉斯斯坦、塔吉克斯坦、阿富汗签署丝路光缆合作协议，实质性启动了丝路光缆项目。

三、贸易畅通

贸易畅通是共建"一带一路"的重要内容。共建"一带一路"促进了共建国家和地区贸易投资自由化便利化,降低了交易成本和营商成本,释放了发展潜力,进一步提升了各国参与经济全球化的广度和深度。

2013年以来,中国与"一带一路"共建国家贸易与投资自由化便利化水平不断提升。2013—2022年,我国与沿线国家年度贸易额从1.04万亿美元,扩大到2.07万亿美元,翻了一番,年均增长8%。83个国家和国际组织积极参与了中国发起的《推进"一带一路"贸易畅通合作倡议》。中国进一步放宽外资准入领域,营造高标准的国际营商环境。自2013年8月建立上海自贸试验区以来,已经设立了面向全球开放的21个自由贸易试验区,向全国复制推广278项制度创新成果,在国际上,积极探索建设自由贸易港,吸引共建国家来华投资。中国平均关税水平从加入世界贸易组织时的15.3%降至目前的7.5%。

中国已同28个国家和地区签署了21个自贸协定,与自贸伙伴贸易额占比达到了35%。其中,很大一部分贸易伙伴都来自"一带一路"沿线国家。目前中国已与东盟10国、智利、新西兰等18个共建"一带一路"国家签署了自贸协定,其中包括《区域全面经济伙伴关系协定》(RCEP),这也是目前全球覆盖人口最多、经贸规模最大、最具发展潜力的自贸协定。同时,

第三章 共建"一带一路"取得的丰硕成果和重大意义

我国正积极推动中国—东盟自贸区 3.0 版以及与韩国、新加坡、以色列、尼加拉瓜等 25 个共建"一带一路"国家的自贸协定谈判或升级谈判。我们还正积极推进加入《全面与进步跨太平洋伙伴关系协定》(CPTPP)和《数字经济伙伴关系协定》(DEPA),并与巴布亚新几内亚、孟加拉国等 5 个共建"一带一路"国家开展自贸协定联合可行性研究。2023 年 2 月,我们完成了与厄瓜多尔的自贸协定谈判。中国与共建国家的自由贸易区网络体系逐步形成。尤其值得一提的是,2020 年 10 月,新冠疫情期间,中国与柬埔寨签订了自贸协定。这不仅是我国与最不发达国家商签的第一个自贸协定,也是新冠疫情暴发后我国商签的第一个自贸协定,还是第一个将共建"一带一路"合作独立设章的自贸协定,显示了共建"一带一路"的巨大生命力。

贸易往来持续增长。在共建"一带一路"的推动下,我国的对外货物贸易与服务贸易总额由 2012 年的 4.4 万亿美元增加到 2021 年的 6.9 万亿美元,自 2020 年以来持续位居世界第一,对外货物贸易额自 2013 年以来持续位居世界第一。2022 年,我国与"一带一路"沿线国家贸易规模创下新高,货物贸易额达 13.8

万亿元，同比增长 19.4%，高于外贸整体增速 11.7 个百分点。

机制平台不断完善。中国与沿线国家的双边经贸机制不断健全，已推动建立了超过 100 个贸易畅通、投资合作、服务贸易、电子商务合作机制。以重大展会论坛为代表的开放平台蓬勃发展，成功举办了 4 届中国国际进口博览会，也成功举办了中国—东盟博览会、中国—亚欧博览会、中国—中东欧国家博览会、中国—非洲经贸博览会等展会论坛。2021 年我国与相关国家新建了 8 个贸易畅通工作组和双边投资合作工作组，与塞内加尔签署了电子商务合作备忘录，与匈牙利、俄罗斯等签署了绿色发展、数字经济领域投资合作备忘录，合作机制日益完善，沟通渠道更加丰富。跨境电子商务等新业态、新模式正成为推动贸易畅通的重要新生力量，一批海外仓建成并投入运营。首个海外仓供需对接的海外智慧物流平台——"海外仓服务在线"2021 年正式上线。"丝路电商"正成为"一带一路"贸易畅通的重要引擎。

此外，中国还全力推进与共建"一带一路"沿线国家的"经认证的经营者"（AEO）互认合作，提高贸易便利化水平。2021 年中国与塞尔维亚、智利、伊朗、乌干达、南非等五个共建"一带一路"国家签署了"经认证的经营者"互认协议。截至2023年，中国海关共与35个共建"一带一路"国家（地区）签署了"经认证的经营者"互认协议，协议签署数量和互认国家（地区）数量稳居世界首位。此外，我国还与哈萨克斯坦、白俄罗斯签署了"关铁通"项目合作文件，支持中欧班列发展，进一步扩大互联互通合作，促进贸易畅通。

四、资金融通

资金融通是共建"一带一路"的重要支撑。国际多边金融机构以及各类商业银行不断探索创新投融资模式，积极拓宽多样化融资渠道，为共建"一带一路"提供稳定、透明、高质量的资金支持。

对外投资和吸引外资同步拓展。2013—2022年，我国与沿线国家双向投资累计超过2 700亿美元，截至2022年底，我国企业在沿线国家建设的境外经贸合作区累计投资达571.3亿美元，为当地创造了42.1万个就业岗位；在工程建设方面，2013—2022年，我国在沿线国家承包工程新签合同额、完成营业额累计分别超过1.2万亿美元和8 000亿美元，占对外承包工程总额的比重超过了一半。相关项目给沿线国家带来了实实在在的获得感。这些投资大大带动了相关国家工业化进程，提供了共同发展新机遇。

不断探索新型国际投融资模式。推动成立亚洲基础设施投资银行、丝路基金、金砖国家新开发银行、中国—中东欧合作基金等双多边金融合作机构。截至2023年，亚投行会员国已经从创立时的57个增加到106个，覆盖亚洲、欧洲、非洲、北美洲、南美洲、大洋洲六大洲。成员主体为发展中国家，但也吸收了包括英国、法国、德国、加拿大等在内的发达国家。截至2022年底，亚投行累计批准项目202个，融资额超过388亿美元，成为共建"一带一路"的重要融资平台。覆盖交通、能源、电信、城市发展等多个领域。从2014年建立到2022年底，丝路基金通过股权、债权等方式多元化融资，承诺投资金额超200亿美元，项目遍及60多个国家和地区。丝路基金自成立以来，坚持共建"一带一路"提出的"共商、共建、共享"原则，同30多个国家和地区投资者以及多个国际和区域组织建立了广泛的合作关系。例如，丝路基金与欧洲投资基金共同投资的中欧共同投资基金于2018年7

月开始实质性运作,投资规模5亿欧元,有力促进了共建"一带一路"与欧洲投资计划相对接。阿联酋阿布扎比投资局、中国投资有限责任公司等主权财富基金对共建国家主要新兴经济体投资规模显著扩大。

多边金融合作支撑作用显现。中国财政部与阿根廷、俄罗斯、印度尼西亚、英国、新加坡等27国财政部核准了《"一带一路"融资指导原则》。根据这一指导原则,各国支持金融资源服务于相关国家和地区的实体经济发展,重点加大对基础设施互联互通、贸易投资、产能合作等领域的融资支持。中国人民银行与世界银行集团下属的国际金融公司、泛美开发银行、非洲开发银行和欧洲复兴开发银行等多边开发机构开展联合融资,截至2018年底已累计投资100多个项目,覆盖70多个国家和地区。2017年11月,中国—中东欧银联体成立,成员包括中国、匈牙利、捷克、斯洛伐克、克罗地亚等14个国家的金融机构。2018年7月、9月,中国—阿拉伯国家银行联合体、中非金融合作银行联合体成立,建立了中国与阿拉伯国家之间、非洲国家之间的首个多边金融合作机制。

共建国家人民币接纳度和使用率不断提高。根据央行发布的《2021年人民币国际化报告》显示,2020

年，中国与"一带一路"沿线国家人民币跨境收付金额超过 4.53 万亿元，同比增长 65.9%，占同期人民币跨境收付总额的 16.0%。其中货物贸易收付金额 8 700.97 亿元，同比增长 18.8%，直接投资收付金额 4 341.16 亿元，同比增长 72.0%。截至 2023 年，中国已与 29 个共建国家签署双边本币互换协议，在 13 个共建国建立人民币清算安排。

根据国际货币基金组织公布的资料，截至 2021 年年末，全球央行的外汇储备规模约为 12.937 2 万亿美元，5 年内增长了近 20%，其中人民币占比为 2.79%，较 2016 年时提升了 1.7 个百分点，人民币储备规模约为 3 361 亿美元，5 年内增长了 3.7 倍；而美元储备占比为 58.81%，较 5 年前下降了 6.5 个百分点，美元在全球外汇储备中的占比在 2001 年达到峰值 71.52% 后持续下降。环球银行金融电信协会（SWIFT）数据显示，2021 年 12 月，人民币在国际支付中的份额占比首次超越日元，成为全球第四大活跃货币。

中资商业银行成为"一带一路"人民币推广使用的主力军。截至 2020 年末，共有 11 家中资银行在 29 个"一带一路"共建国家设立了 80 家一级分支机构，3 家中资保险公司在新加坡、马来西亚、印尼设有 7 家营业性机构。与此同时，截至 2020 年末，共有来自 23 个"一带一路"国家的 48 家银行在华设立了机构。有 1 个"一带一路"国家（新加坡）的 1 家保险机构在华设立了合资公司。可以说，在共建"一带一路"过程中，中国与相关国家开展了多种形式的金融合作，有力保障了资金融通。

五、民心相通

民心相通是共建"一带一路"的人文基础。享受和平、安宁、富足，过上更加美好生活，是各国人民的共同梦想。2013 年以来，各国开展了形式多样、领域广泛的公共外交和文化交流，增进了相互理解和认同，为共建"一带一路"奠定了坚实的民意基础。

确立了民心相通的政策目标和总体框架。《推进共建丝绸之路经济带和 21 世纪海上丝绸之路的愿景与行动》明确了民心相通在共建"一带一路"中的定位、责任、重点领域和主要工作渠道，是民心相通工作的总体规划。"一带一路"国际合作高峰论坛圆桌峰会联合公报明确了"平等协商、互利共赢、市场运作、平衡和可持续"的合作原则，突出了加强人文交流和民间纽带等合作举措，是民心相通工作的指导原则。首届高峰论坛的成果清单和发布的《中国社会组织推动"一带一路"民心相通行动计划（2017—2020）》勾勒出民心相通工作的阶段性目标、具体安排和工作脉络，是民心相通工作的实际操作指南。在中央确立的上述框架内，各地方、党和政府各有关部门、各社会组织、人民团体、科研机构、企业、媒体、智库等，结合自身资源、人脉优势和特点，制定了具体的专项合作规划和工作方案，为确保民心相通工作的方向性、有效性和可持续性提供了政策支撑。

明确了民心相通的重点领域和区域布局。从重点领域看，随着民心相通理念在各国广泛传播，一系列贴近民众精神和物质需求的民心相通合作项目积极开展，尤其是教育、文化、农业、旅游、公益慈善、政党等多个领域亮点纷呈。从区域分布看，民心相通工作与"五大方向""六廊六路""多国多港"的建设相伴推进，物理联通发展到哪里，民心相通就延伸到哪里，中国的"朋友圈"和好伙伴从传统的欧亚共建国家向非洲、拉美、南太、西欧的非共建国家及西方发达国家延展。随着加入共建"一带一路"的国家和国际组织不断增加，民心相通工作在地方层面和人文领

第三章 共建"一带一路"取得的丰硕成果和重大意义

域也取得重要进展。我国各省(区、市)与 60 余个"一带一路"共建国家共建 1 000 余对友好城市,其中在 56 个共建国家设有孔子学院和孔子课堂,在共建国家设立了 17 个中国文化中心。

搭建起民心相通的交流网络和工作平台。2013 年以来,我们依托政党、社会组织、媒体、智库、专家学者、普通民众等多类主体开展人文交流,积极宣介共建"一带一路"和"丝绸之路"精神,取得良好效果。在交流中,发起建立多国参与的多个交流网络和平台,为机制化交流提供了良好的媒介。例如,"一带一路"国际智库合作委员会、新闻合作联盟、工商、国际科学组织联盟、丝绸之路国际剧院联盟等先后成立和投入运行。到 2019 年 4 月,"丝绸之路"共建国家民间组织合作网络已有 69 个国家 310 家中外民间组织加入并开展 160 余项活动和项目,"丝路电视国际合作共同体"发展 51 个国家 103 家媒体机构成员,大批中国优秀电视节目被译制成近 20 种语言播出。丝绸之路(敦煌)国际文化博览会、新疆丝绸之路文化创意产业博览会、海外中国文化中心等连续举办系列活动。"鲁班工坊""丝路之友""欢乐春节"等成为亮点品牌。这些交流网络和平台吸引了大量共建国家及非共建国家民众参与,有力增进了彼此了解和理念认同。

"一带一路"的吸引力大大增强。伴随着民心相通工作全面铺开,取得一系列可观成果,让越来越多国家的普通民众对"一带一路"合作有了参与感、获得感和认同感,从争取国际民意支持角度为把"一带一路"打造成最受欢迎的国际合作平台和公共产品提供了支撑。

与"一带一路"共建国家的卫生健康合作不断深化。我们针对"一带一路"国家人民最迫切需求开展送医送药等民生援助,实施了"光明行""爱心行""甘泉行""幸福泉""爱心包裹""幸福家园""太阳村""绿色使者计划",以及赴南太平洋岛国"送医上岛"、中巴急救走廊建设等一批项目。自首届"一带一路"国际合作高峰论坛召开以来,中国与蒙古、阿富汗等国,世界卫生组织等国际组织,比尔及梅琳达·盖茨基金会等非政府组织相继签署了56个推动卫生健康合作的协议,已经建设了30个较高质量的中医药海外中心和56个中医药国际合作基地,为"一带一路"共建国家民众提供优质中医药服务,推动中药类产品在更多国家注册。

我们面向未来积极开展教育培训合作,实施向

第三章 共建"一带一路"取得的丰硕成果和重大意义

"一带一路"共建国家倾斜的"丝绸之路"奖学金计划,助力"一带一路"人才培养,同时打造"留学中国"品牌;来华留学学历生比例逐年提高。此外,中国还持续加强中外合作办学,目前在办的各级各类中外合作办学机构和项目近 2 300 个。到 2019 年 4 月,品牌项目"青年汉学家研修计划"已培养来自 95 个国家的 360 位青年汉学家;中国企业为共建国家创造 20 多万个就业岗位,在部分国家启动人才培养计划。中国科学院在共建国家设立硕士、博士生奖学金和科技培训班,已培训超过 5 000 人次。

旅游合作不断扩大。截至 2020 年 9 月,在已签署"一带一路"合作文件的 138 个国家中,中国与 114 个国家缔结了涵盖不同护照种类的互免签证协定,与 74 个国家缔结了简化签证手续协议,与共建国家签订了 76 份双边文化旅游合作文件,"十三五"期间双向旅游人数超过 8 500 万人次。俄罗斯、缅甸、越南、蒙古、马来西亚、菲律宾、新加坡等"一带一路"共建国家成为中国主要客源市场。

民生建设稳步推进。中国与共建"一带一路"国家之间的农业合作不断提升。中国已经与 80 多个沿线共建国家签署了农渔业合作协议,与其中一半以上的国家就农业合作建立了稳定的工作机制。共建"一带一路"实施以来,累计投资的农业项目已经超过820个,投资存量超过170亿美元,仅2020年中国与"一带一路"共建国家的农业贸易总额就达到957.9亿美元。第二届高峰论坛期间启动的"丝路一家亲"项目,覆盖60多个国家、300多个参与方,计划从2019年起两年内建立500个伙伴关系、开展200个民生项目。这些举措不仅改善了当地人民的生活,也促进了沿线国家人民的民心相通,走出了一条共同发展、共同繁荣的道路。

中国在共建国家实施了100个"幸福家园"、100个"爱心助困"、100个"康复助医"等项目。例如,中国向老挝等国提供地震监测仪器设备,提高防震减灾能力。中国在柬埔寨、尼泊尔开展社会组织合作项目24个,助力改善当地民众生活。2020年,缅甸北部克钦邦230千伏主干网连通工程建成投运,可满足500万缅甸家庭用电需求。新疆中泰集团中塔农业纺织项目为塔吉克斯坦创造固定就业岗位1 600个,提供年临时用工30万人次,棉花种植基地的平均单产高出当地一倍以上。授人以鱼,更要授之以"渔"。中国电建在赞比亚依托在建项目开办中国水电培训学校,招商局

第三章 共建"一带一路"取得的丰硕成果和重大意义

集团通过蓝色海洋培训计划在斯里兰卡建立培训中心，为当地工人免费提供各种技能培训和就业岗位。这些合作项目给有关国家民众带来了实实在在的好处，也增进了他们同中国人民之间的友好感情，受到了广泛好评。

第二节　共建"一带一路"的重大意义

共建"一带一路"，是习近平同志深刻思考人类前途命运以及中国和世界发展大势，为促进全球共同繁荣、推动构建人类命运共同体所提出的宏伟构想和中国方案，开辟了我国参与和引领全球开放合作的新境界。共建"一带一路"是纵贯古今、统筹陆海、面向全球的世纪蓝图，是"百年大计"，具有十分重要和深远的意义。

一、共建"一带一路"与对外开放

共建"一带一路"是我国扩大对外开放的重大举措和经济外交的顶层设计。开放发展注重的是解决发展内外联动问题。国际经济合作和竞争局面正在发生深刻变化,全球经济治理体系和规则正在面临重大调整,"引进来""走出去"在深度、广度、节奏上都是过去所不可比拟的,应对外部经济风险、维护国家经济安全的压力也是过去所不能比拟的。现在的问题不是要不要对外开放,而是如何提高对外开放的质量和发展的内外联动性。与高质量发展的要求相比,我国对外开放水平总体上还不够高,用好国际国内两个市场、两种资源的能力还不够强,应对国际经贸摩擦、争取国际经济话语权的能力还比较弱,运用国际经贸规则的本领也不够强,需要加快弥补。

为此,我们必须坚持对外开放的基本国策,奉行互利共赢的开放战略,深化人文交流,完善对外开放区域布局、对外贸易布局、投资布局,形成对外开放新体制,发展更高层次的开放型经济,以扩大开放带动创新、推动改革、促进发展。共建"一带一路"要找准突破口,以点带面、串点成线,步步为营、久久为功。要推动全球经济治理体系改革完善,引导全球经济议程,维护多边贸易体制,加快实施自由贸易区战略,积极承担与我国能力和地位相适应的国际责任和义务。

第三章　共建"一带一路"取得的丰硕成果和重大意义

习近平总书记反复强调,开放带来进步,封闭必然落后。在长期的革命、建设和改革实践中,中国共产党对开放规律的认识不断深化。党的十八大以来,开放型经济的基础和条件发生深刻变化,中国与世界的互动关系也发生了历史性演变。共建"一带一路"是习近平总书记深刻洞察这一新时代特点,将我国发展置于更广阔国际空间来谋划的主动开放之举,标志着中国共产党的开放理论实现了从指导我国开放到推动世界各国共同开放的伟大历史转变,彰显了中国特色社会主义道路自信、理论自信、制度自信和文化自信。

中国开放的大门永远不会关上,只会越开越大。一个国家强盛才能充满信心开放,而开放促进一个国家强盛。今年正值改革开放45周年,党的十一届三中全会以来我国改革开放的成就充分证明,对外开放是推动我国经济社会发展的重要动力。随着我国经济总量跃居世界第二,经济发展进入新常态,我们要保持经济持续健康发展,就必须要树立全球视野,更加自觉地统筹国内国际两个大局,全面谋划全方位对外开放大战略,以更加积极主动的姿态走向世界。共建"一带一路"要以开放为导向,解决经济增长和平衡问题,打造开放型合作平台,维护和发展开放型世界经济,共同创造有利于开放发展的环境,推动构建公正、合理、透明的国际经贸投资规则体系,促进生产要素有序流动、资源高效配置、市场深度融合。

中国提出的以"一带一路"为代表的新机制新倡议,不是为了另起炉灶,更不是为了针对谁,而是对现有国际机制的有益补充和完善,目标是实现合作共赢、共同发展。中国对外开放,不是要一家唱独角戏,而是要欢迎各方共同参与;不是要谋求势力范围,而是要支持各国共同发展;不是要营造自己的后花园,而是要建设各国共享的百花园。

二、共建"一带一路"与全球治理

随着中国积极参与国际事务并发挥重要作用,中国对于全球治理理念也在不断进行一些大胆的、有益的创新。加强全球治理、推进全球治理体系变革,"不仅事关应对各种全球性挑战,而且事关给国际秩序和国际体系定规则、定方向;不仅事关对发展制高点的争夺,而且事关各国在国际秩序和国际体系长远制度性安排中的地位和作用"。在 2017 年首届"一带一路"

第三章　共建"一带一路"取得的丰硕成果和重大意义

国际合作高峰论坛开幕式的主旨演讲中，习近平主席指出，"和平赤字、发展赤字、治理赤字，是摆在全人类面前的严峻挑战"。"治理赤字"形象地描绘了当前全球性问题不断增长，但现有国际秩序的全球治理能力、现有大国的全球治理愿望却在下降的矛盾现象。在参与全球治理的实践中，以习近平同志为核心的党中央，提出一系列具有鲜明中国特色的全球治理观，创新丰富了全球治理理念。中国的共建"一带一路"着眼于对传统国际规制的补充和完善，有助于增强全球治理体系的有效性、代表性和完善性。

共建"一带一路"已经成为当代全球治理中的中国方案，为世界贡献了新的、不可或缺的公共产品，也是中国回应世界多极化、发展机制包容性、全球治理机制有效性诉求提供的国际合作新平台。中国自改革开放以来，经济高速发展，国际影响力不断提高。中国道路、中国模式、中国方案不断吸引着全球各国的目光。而深化互联互通，发展互联互通伙伴关系，共建"一带一路"正是中国参与全球治理、为世界贡献中国智慧的重要体现。习近平主席表示，"中国的发展绝不以牺牲别国利益为代价，我们绝不做损人利己、以邻为壑的事情。我们将从世界和平与发展的大义出发，贡献处理当代国际关系的中国智慧，贡献完善全球治理的中国方案，为人类社会应对21世纪的各种挑战作出自己的贡献"。中共十八届五中全会的公报明确提出，中国将"积极参与全球经济治理和公共产品供给，提高我国在全球经济治理中的制度性话语权，构建广泛的利益共同体"。共建"一带一路"正是中国积极参与全球治理，提升制度性话语权的重要路径。共建"一带一路"下亚投行等多边金融机构不断推动着全球的联动增长，中国通过举办"一带一路"国际合作高峰论坛、中国国际进口博览会等活动，坚定捍卫了开放型世界经济和多边主义，有力弥补了全球治理赤字。

"一带一路"对全球治理的贡献远远不止提供了公共产品，更重要的是展示了新的国际秩序理念和新的全球治理规则。共建"一带一路"丰富了国际经济合作理念和多边主义内涵，为促进世界经济增长、实现共同发展提供了重要途径。落实命运共同体理念，以共商、共建、共享推动全球治理改革，建设"一带一路"，就意味着全球治理的事情各国一起商量着办，更加完善的全球治理体系各国一起建设，由此产生的成果也将由各国一起分享。正如习近平总书记所指出的，

第三章 共建"一带一路"取得的丰硕成果和重大意义

"全球治理体系是由全球共建共享的,不可能由哪一个国家独自掌握。中国没有这种想法,也不会这样做"。"中美在全球治理领域有着广泛共同利益,应该共同推动完善全球治理体系。这不仅有利于双方发挥各自优势、加强合作,也有利于双方合作推动解决人类面临的重大挑战"。国家不分大小、强弱、贫富,都是国际社会平等成员,理应平等参与决策、享受权利、履行义务。

对于世界各国如何参与全球治理,习近平总书记认为,"各国都应成为全球发展的参与者、贡献者、受益者。不能一个国家发展、其他国家不发展,一部分国家发展、另一部分国家不发展。各国能力和水平有差异,在同一目标下,应该承担共同但有区别的责任。要完善全球经济治理,提高发展中国家代表性和发言权,给予各国平等参与规则制定的权利"。"我们应该共同推动国际关系民主化。世界的命运必须由各国人民共同掌握,世界上的事情应该由各国政府和人民共同商量来办。垄断国际事务的想法是落后于时代的,垄断国际事务的行动也肯定是不能成功的"。中国不谋求在现有全球治理体制外建立对抗性或替代性国际机制,不谋求另起炉灶、推倒重来,而是要对现有体制中不公正、不合理的地方进行改革完善。中国本身也是当前全球治理体系的受益者，提出互联互通理念并不是要推翻或大幅修正当前治理体系，而是对其进行补充和调整。中国坚持以尊重和不挑战各国政治制度和已存在的区域合作机制为前提，充分发挥现有合作框架的作用，在平等互利的基础上与世界各国分享发展红利，促进共同发展。中国坚持国际关系民主化，就是强调重大问题应由各国协商解决，努力实现与世界各国携手合作、共同治理。

推进全球治理规则民主化、法治化，应更加平衡地反映大多数国家意愿和利益。习近平总书记强调，"要推动各方在国际关系中遵守国际法和公认的国际关系基本原则，用统一适用的规则来明是非、促和平、谋发展。在国际社会中，法律应该是共同的准绳，没有只适用他人、不适用自己的法律，也没有只适用自己、不适用他人的法律。适用法律不能有双重标准。我们应该共同维护国际法和国际秩序的权威性和严肃性，各国都应该依法行使权利，反对歪曲国际法，反对以'法治'之名行侵害他国正当权益、破坏和平稳定之实"。"什么样的国际秩序和全球治理体系对世界好、对世界各国人民好，要由各国人民商量，不能由一家说了算,不能由少数人说了算"。"推动全球治理体系变革是国际社会大家的事,要坚持共商共建共享原则,使关于全球治理体系变革的主张转化为各方共识,形成一致行动"。国际关系民主化为全球治理和国际规制变革创造了基础,共商、共建、共享正是实现这一目标的正确途径。

参与和引领全球治理体系变革,加强中国的全球治理能力建设是关键。对于新的跨国领域的全球治理新疆域,中国的知识和能力提升空间也很大。全球治理格局取决于国际力量对比,全球治理体系变革源于国际力量对比变化。中国要坚持以经济发展为中心,集中力量办好自己的事情,不断增强在国际上说话办事的实力。要积极参与全球治理,主动承担国际责任,但也要尽力而为、量力而行。以共建"一带一路"推动全球治理体系改革,同样要遵循这一原则,确保这一"百年大计"行稳致远。

三、共建"一带一路"与联合国 2030 年可持续发展议程

2015 年 9 月 25 日,联合国可持续发展峰会通过了

由193个成员国签署的成果文件"变革我们的世界：2030年可持续发展议程"。该议程最大限度地凝聚了全球共识，是指导之后15年国际发展合作的重要纲领性文件，集中反映了当前人类社会发展面临的最亟待解决的问题，是世界各国的普遍关切。与联合国千年发展目标相比，联合国2030年可持续发展议程不再单纯聚焦于减贫问题，而是从人类（people）、地球（planet）、繁荣（prosperity）、和平（peace）和合作（partnership）的"5P"发展愿景以及经济、环境、社会三大可持续发展支柱，制定了包括17个大项的总体目标和169个分项的具体目标，表达了消除贫困饥饿、阻止地球退化、共享繁荣生活、创建和平公正包容社会和建立新型全球伙伴关系的决心，要求实现经济的绿色增长和社会的包容性发展。可持续发展目标任务不仅关注增长，而且强调发展路径的绿色转型。

践行可持续发展理念、落实联合国2030年议程是共建"一带一路"的内在要求。中国始终是联合国2030年可持续发展议程的坚定支持者和贡献者。2016年4月，中国率先发布《落实2030年可持续发展议程的立场文件》，积极支持可持续发展目标的落实。2016年二十国集团杭州峰会就如何推动落实可持续发展目

第三章 共建"一带一路"取得的丰硕成果和重大意义

标明确提出了一系列的举措。9月，中国出台《落实2030年可持续发展议程国别方案》，明确了中国推进落实工作的指导思想、总体原则，从战略对接、制度保障、社会动员、资源投入、风险防控、国际合作、监督评估7个方面详细阐述了中国推动2030年可持续发展议程的总体路径和具体落实方案。之后，议程的可持续发展目标逐渐转化成为中国经济、社会、环境等领域的具体任务。

共建"一带一路"与联合国2030年可持续发展议程相辅相成，相互促进。习近平总书记在2017年首届"一带一路"国际合作高峰论坛、新兴市场与发展中国家对话会等多个重要场合强调联合国2030年可持续发展议程的重要性，共建"一带一路"的理念与方向同联合国2030年可持续发展议程高度契合，完全能够加强对接、相互促进。2018年7月25日，习近平主席在南非约翰内斯堡举行的金砖国家工商论坛上强调："2030年可持续发展议程为国际社会提供了综合行动方案。金砖国家要立足自身国情，将2030年议程同本国发展战略深入对接，坚持以人民为中心，统筹经济、社会、环境发展，不断增强人民群众的获得感、幸福感。要坚持人与自然和谐共生，推动国际社会全面落实《巴黎协定》，加快构筑崇尚自然、绿色发展的生态体系。要积极推动国际发展合作，敦促发达国家履行官方发展援助承诺，增加对广大发展中国家的支持"。要把共建"一带一路"国际合作同落实联合国2030年可持续发展议程、二十国集团领导人杭州峰会重要成果结合起来，同亚太经合组织、东盟、非盟、欧亚经济联盟、欧盟、拉共体区域发展规划对接起来，同有关国家提出的发展规划协调起来，产生"一加一大于二"的效果。

据世界银行估算，"一带一路"框架下的交通基础设施项目投资，可使全球760万人摆脱极端贫困，3 200万人摆脱中度贫困。得益于此，2015—2030年，全球极端贫困率预计将从9.5%下降到3.9%，中等贫困率将从25.8%下降到10.4%。这充分体现了共建"一带一路"可为实现2030年可持续发展议程设定的消除贫困目标作出积极贡献。联合国秘书长古特雷斯多次表示，共建"一带一路"将成为2030年可持续发展目标全球努力的重要组成部分。他强调，我们需要一个将全球紧密团结的倡议，让人民相信有更好的全球化，让人们相信自由贸易可以让整体受益，让人们相信全球的可持续发展不会让任何人落在后面，而共建"一带一路"所描述的正是中国为全球发展带来的"新愿景",它为国际社会应对气候变化、粮食安全和水资源短缺等全球性挑战提供了新的机遇。埃塞俄比亚前总理海尔马里亚姆认为,共建"一带一路"与联合国2030年可持续发展目标以及非洲《2063年议程》高度契合,将造福全球。联合国拉丁美洲和加勒比经济委员会(简称"拉加经委会")执行秘书阿莉西亚·巴尔塞纳(Alicia Bárcena)在接受采访时强调,"'一带一路'这个倡议具备进步和现代化的构想,尤其是对我们在联合国工作的人员来说深有体会,因为它的步调和联合国2030年可持续发展议程达到了完美的和谐"。联合国开发计划署(UNDP)驻华代表处国别副主任何佩德(Patrick Haverman)指出,共建"一带一路"不但能帮助共建国家实现基础设施领域的目标,同时还可在减贫、增强环境可持续性、包容性社会发展方面取得积极成果。

尽管共建"一带一路"和联合国2030年可持续发展议程在性质和范围上有所不同,但是两者理念相通,都以联合国宪章的宗旨和原则为基础,致力于维护多边主义,促进世界和平与发展。"一带一路"可以成为落实联合国2030年可持续发展议程的重要平台。两者都将可持续发展作为总体目标，旨在加深各国和各地区之间的政策、基础设施、贸易、金融、人文交流等方面的联通性，从而增加全球公共产品的供给，实现合作共赢。共建"一带一路"实现共建国多元、自主、平衡、可持续发展的愿景与联合国2030年可持续发展议程提出的各项可持续发展目标异曲同工。贸易畅通和投资便利化既是共建"一带一路"的核心要素，也是实现联合国2030年可持续发展议程的政策工具。共建"一带一路"明确提出要"推动世界贸易组织《贸易便利化协定》的生效和实施"，而联合国2030年可持续发展议程也将完成世贸组织下的多哈回合谈判，建立以普遍、基于规则、开放、非歧视和公平的多边贸易体系作为促进国际贸易合作的重要前提。同时，共建"一带一路"与联合国2030年可持续发展议程都强调基础设施在实现可持续发展方面具有不可替代的作用，推动包容式发展和联动式发展。共建"一带一路"强调的政策沟通、设施联通、贸易畅通、资金融通和民心相通五大合作重点，很好地反映了包容式发展和联动式发展的主题，有助于帮助共建国开展落实联合国2030年可持续发展议程的能力建设。中国提出共建"一带一路"，目的就是动员更多资源，拉紧互联互通纽带，释放增长动力，实现市场对接，让更多国家和地区融入经济全球化，共同走出一条互利共赢的康庄大道。

共建"一带一路"与联合国2030年可持续发展议程从理念、领域、机制等方方面面都可以实现全方位、多层次的深入对接，通过相互融合，实现协同增效。两者相互促进，共同致力于全球基础设施的互联互通，以及开展更为广泛的区域合作，实现全球共同、绿色和可持续发展。正如古特雷斯所说，为了让共建国家能够充分从增加联系产生的潜力中获益，加强共建"一带一路"与2030年可持续发展议程的联系至关重要。中国期待在共建"一带一路"过程中，各方能够继续坚持以人民为中心的发展理念，建设广泛的伙伴关系，携手落实联合国2030年可持续发展议程，为各国和世界经济增长挖掘更多动力，为国际经济合作开辟更大空间，为构建人类命运共同体、建设新型国际关系作出新的重要贡献。

四、共建"一带一路"与人类命运共同体

构建人类命运共同体思想，是习近平总书记着眼

于人类发展和世界前途提出的中国理念、中国方案，受到国际社会高度评价和热烈响应，已写入多个联合国文件，产生了广泛而深远的国际影响，成为中国引领时代潮流和人类文明进步方向的鲜明旗帜。

党的十八大以来，习近平同志在一系列双边和多边重要外交场合多次强调要树立人类命运共同体意识，倡导各方共同努力构建亚洲、中非、中拉、中阿命运共同体，不断将构建人类命运共同体思想进一步细化实化、落地落位。2015年9月，习近平主席在纪念联合国成立70周年联大一般性辩论中，发表题为《携手构建合作共赢新伙伴，同心打造人类命运共同体》的重要讲话，提出了"五位一体"的路径和布局，进一步丰富发展了人类命运共同体思想，实现了这一理念的体系化。2017年1月联合国日内瓦总部讲坛上，习近平主席对上述"五位一体"行动方略进行全面充实和升级，提出了支撑起人类命运共同体的"五个世界"论述，即坚持对话协商，建设一个持久和平的世界；坚持共建共享，建设一个普遍安全的世界；坚持合作共赢，建设一个共同繁荣的世界；坚持交流互鉴，建设一个开放包容的世界；坚持绿色低碳，建设一个清洁美丽的世界。2017年10月，党的十九大报告把坚持

第三章 共建"一带一路"取得的丰硕成果和重大意义

推动构建人类命运共同体作为新时代坚持和发展中国特色社会主义的基本方略之一,并写入新修改的《中国共产党章程》。2018年3月,十三届全国人民代表大会通过《中华人民共和国宪法修正案》,序言部分写入推动构建人类命运共同体内容,使构建人类命运共同体思想正式上升为国家意志。2022年,党的二十大报告将推动构建人类命运共同体作为中国式现代化的本质要求之一,并提出"构建人类命运共同体是世界各国人民前途所在"。

具体来讲,构建人类命运共同体要从政治、安全、经济、文化、生态等五个方面加以推进。政治上,相互尊重、平等协商,坚决摒弃冷战思维和强权政治,走对话而不对抗、结伴而不结盟的国与国交往新路;安全上,坚持以对话解决争端、以协商化解分歧,统筹应对传统和非传统安全威胁,反对一切形式的恐怖主义;经济上,同舟共济,促进贸易和投资自由化便利化,推动经济全球化朝着更加开放、包容、普惠、平衡、共赢的方向发展;文化上,尊重世界文明多样性,以文明交流超越文明隔阂、文明互鉴超越文明冲突、文明共存超越文明优越;生态上,坚持环境友好,合作应对气候变化,保护好人类赖以生存的地球家园。

共建"一带一路"是推动构建人类命运共同体的重要实践平台。正如习近平总书记所提出的:"共建'一带一路'不仅是经济合作,而且是完善全球发展模式和全球治理、推进经济全球化健康发展的重要途径。"共建"一带一路",在对话协商、共建共享、合作共赢、交流互鉴的过程中,谋求合作的最大公约数,把共建各国人民紧密联系在一起。加强了各国之间的政治互信、经济互融和人文互通,使人类命运共同体意识越来越深入人心。

"一带一路"是促进共同发展、实现共同繁荣的合作共赢之路,是增进理解信任、加强全方位交流的和平友谊之路。共建"一带一路"不是对现有国际合作机制的挑战和替代,而是与现有机制互为助力、相互补充,针对国际合作中的瓶颈和制约因素提出"中国方案",以开放、合作、共赢的理念为世界经济注入正能量。共建"一带一路"聚焦"五通",把中国发展同共建各国发展结合起来,把中国梦与世界梦衔接起来,推动共建各国联动发展并加深经济融合。各国在此过程中将形成"一荣俱荣、一损俱损"的利益共同体,从而为打造人类命运共同体奠定基础。

国际社会高度评价"一带一路"对于推动构建人

类命运共同体的重要意义。泰国泰中"一带一路"合作研究中心副主任唐隆功·吴森提兰谷（Tharakorn Wusatirakul）表示，"共建'一带一路'内涵不断深化，外延不断扩展，更加契合各国对全方位、宽领域、创新性、持续性拓展合作的需求，已成为推动构建人类命运共同体的重要实践"。"从'绿色丝绸之路''空中丝绸之路'，到'数字丝绸之路''冰上丝绸之路''健康丝绸之路'，在中国与各国共同努力下，共建'一带一路'为世界和平与发展作出重要贡献。"塞尔维亚国际政治经济研究所"一带一路"地区研究中心主任伊沃娜·拉杰瓦茨（Ivona Ladjevac）认为，"共建'一带一路'通过加强与各国发展战略对接、强化贸易投资、开展产能合作等，不断培育和提升各国'供给能力'，为世界经济发展提供新机遇"。共建"一带一路"充分协调各种资源助推各国共同发展，为构建人类命运共同体注入强劲动力。

以共建"一带一路"为实践平台推动构建人类命运共同体，这是从我国改革开放和长远发展出发提出来的，也符合中华民族历来秉持的天下大同理念，符合中国人"怀柔远人、和谐万邦"的天下观，占据了国际道义制高点。2013年以来，共建"一带一路"朋友圈不断扩大，各国之间的联系更加紧密，中国与更多国家通过"一带一路"携手共进、共谋发展、共创繁荣、共担挑战，为构建人类命运共同体注入了强大动力。

总而言之，共建"一带一路"提出以来，为落实联合国2030年可持续发展议程、促进全球可持续发展、完善全球经济治理体系和推动构建人类命运共同体作出了重要贡献，已成为造福各方的全球公共产品和开放包容的国际合作平台。在已经取得丰硕成果的基础之上，各国正在共同努力，让共建"一带一路"给全球民众带来更多福祉。

思考题

1. 如何认识共建"一带一路"的重大意义？
2. 共建"一带一路"对于全球治理改革有何助益？
3. 共建"一带一路"与联合国2030年可持续发展议程是什么关系？
4. 共建"一带一路"与人类命运共同体的内在联系是什么？

第四章　共建"一带一路"的推进方式

"一带一路"是中国推动构建人类命运共同体的重要实践平台。2013年以来，"一带一路"从理念到行动，发展成为实实在在的国际合作，取得了令人瞩目的成就。共建"一带一路"的进一步推进需要落实两届"一带一路"国际合作高峰论坛的成果，凝聚各方共识，规划合作愿景，扩大对外开放，加强同各国的沟通、协调、合作，不断走深走实、行稳致远，更好造福各国人民。

第一节 共建"一带一路"对外事工作的新要求

共建"一带一路"是我国在新的历史条件下实行全方位对外开放的重大举措、推行互利共赢的重要平台。我们必须以更高的站位、更广的视野,在吸取和借鉴历史经验的基础上,以创新的理念和创新的思维,扎扎实实做好各项工作,使共建各国人民实实在在感受到"一带一路"给他们带来的好处。

在2016年8月召开的推进"一带一路"建设工作座谈会上,习近平总书记就推进"一带一路"建设提出8项要求。一是要切实推进思想统一,坚持各国共商、共建、共享,遵循平等、追求互利,牢牢把握重点方向,聚焦重点地区、重点国家、重点项目,抓住发展这个最大公约数,不仅造福中国人民,更造福各国人民。中国欢迎各方搭乘中国发展的快车、便车,欢迎世界各国和国际组织参与到合作中来。二是要切实推进规划落实,周密组织,精准发力,进一步研究出台推进"一带一路"建设的具体政策措施,创新运用方式，完善配套服务，重点支持基础设施互联互通、能源资源开发利用、经贸产业合作区建设、产业核心技术研发支撑等战略性优先项目。三是要切实推进统筹协调，坚持陆海统筹，坚持内外统筹，加强政企统筹，鼓励国内企业到共建国家投资经营，也欢迎共建国家企业到我国投资兴业，加强"一带一路"建设同京津冀协同发展、长江经济带发展等国家战略的对接，同西部开发、东北振兴、中部崛起、东部率先发展、沿边开发开放的结合，带动形成全方位开放、东中西部联动发展的局面。四是要切实推进关键项目落地，以基础设施互联互通、产能合作、经贸产业合作区为抓手，实施好一批示范性项目，多搞一点早期收获，让有关国家不断有实实在在的获得感。五是要切实推进金融创新，创新国际化的融资模式，深化金融领域合作，打造多层次金融平台，建立服务"一带一路"建设长期、稳定、可持续、风险可控的金融保障体系。六是要切实推进民心相通，弘扬"丝路精神"，推进文明交流互鉴，重视人文合作。七是要切实推进舆论宣传，积极宣传"一带一路"建设的实实在在成果，加强"一带一路"建设学术研究、理论支撑、话语体系建设。八是要切实推进安全保障，完善安全风险评估、监测预警、应急处置，建立健全工作机制，细化工作方案，确保有关部署和举措落实到每个部门、每个项目执行单位和企业。

习近平总书记在讲话中强调，推进"一带一路"建设，要处理好我国利益和共建国利益的关系，政府、市场、社会的关系，经贸合作和人文交流的关系，对外开放和维护国家安全的关系，务实推进和舆论引导的关系，国家总体目标和地方具体目标的关系。

我们是"一带一路"的倡导者和推动者，但建设"一带一路"不是我们一家的事。"一带一路"建设不应仅仅着眼于我国自身发展，而是要以我国发展为契机，让更多国家搭上我国发展快车，帮助它们实现发展目标。我们要在发展自身利益的同时，更多考虑和照顾其他国家利益。要坚持正确义利观，以义为先、义利并举，不急功近利，不搞短期行为。要统筹我国同共建国家的共同利益和具有差异性的利益关切，寻找更多利益交汇点，调动共建国家积极性。我国企业"走出去"既要重视投资利益，更要赢得好名声、好口碑，遵守驻在国法律，承担更多社会责任。

推进"一带一路"建设，既要发挥政府把握方向、统筹协调作用，又要发挥市场作用。政府要在宣传推介、加强协调、建立机制等方面发挥主导性作用，同时要注意构建以市场为基础、企业为主体的区域经济合作机制，广泛调动各类企业参与，引导更多社会力量投入"一带一路"建设，努力形成政府、市场、社会有机结合的合作模式，形成政府主导、企业参与、民间促进的立体格局。

人文交流合作也是"一带一路"建设的重要内容。真正要建成"一带一路"，必须在共建国家民众中形成一个相互欣赏、相互理解、相互尊重的人文格局。民心相通是"一带一路"建设的重要内容，也是"一带一路"建设的人文基础。要坚持经济合作和人文交流共同推进，注重在人文领域精耕细作，尊重各国人民文化历史、风俗习惯，加强同共建国家人民的友好往来，为"一带一路"建设打下广泛的社会基础。要加强同共建国家在安全领域的合作，努力打造利益共同体、责任共同体、命运共同体，共同营造良好环境。要重视和做好舆论引导工作，通过各种方式，讲好"一带一路"故事，传播好"一带一路"声音，为"一带一路"建设营造良好舆论环境。

"一带一路"建设既要确立国家总体目标，也要发挥地方积极性。地方的规划和目标要符合国家总体目标，服从大局和全局。要把主要精力放在提高对外开放水平、增强参与国际竞争能力、倒逼转变经济发展方式和调整经济结构上来。要立足本地实际，找准位置，发挥优势，取得扎扎实实的成果，努力拓展改革开放新空间。地方外事工作是党和国家对外工作的重要组成部分，对推动对外交往合作，促进地方改革发展具有重要意义。要在中央外事工作委员会集中统一领导下，统筹做好地方外事工作，从全局高度集中调度、合理配置各地资源，有目标、有步骤地推进相关工作。

以"一带一路"建设为引领，扩大西部地区高水平开放。西部地区要找准定位，结合实际积极参与和融入"一带一路"建设。发挥一些地区沿海、沿江、沿交通干线的区位优势，做好人畅其行、物畅其流这篇文章，进一步加强与境内外的经贸联系。构建内陆和沿边多层次开放体系，高标准建设自由贸易试验区、边（跨）境经济合作区等功能平台。拓展区际互动合作，积极对接长江经济带、粤港澳大湾区建设、黄河流域生态保护和高质量发展等国家重大区域战略。

"一带一路"建设的关键是不断加强党的领导。各地区各部门要增强"四个意识"、坚定"四个自信"，主动站在党和国家大局上谋划推动"一带一路"建设工作。推进"一带一路"建设工作领导小组要根据党中央统一部署,发挥牵头抓总作用,协调各地区各部门,明确工作重点,细化工作方案,层次分解任务,加强督促检查,推动有关部署和举措逐步落到实处。各地区要加强"一带一路"建设同京津冀协同发展、长江经济带发展、粤港澳大湾区建设等国家战略对接,促进西部地区、东北地区在更大范围、更高层次上开放,主推内陆沿边地区成为开放前沿,带动形成陆海内外联动、东西双向互济的开放格局。

第二节 共建"一带一路"的具体路径

共建"一带一路"是一项系统工程,要坚持共商、共建、共享原则,积极推进共建国家发展战略的相互对接;遵循市场规律和国际通行规则,充分发挥市场在资源配置中的决定性作用和各类企业的主体作用,同时发挥好政府的作用;建立科学的政策支撑体系,切实推进关键项目的落地,推进民心相通和舆论宣传,并增强风险意识,完善安全保障体系。

一、项目建设

共建"一带一路"成果的重要体现是项目建设。目前,我国已和共建国家展开了 2 000 多个合作项目,解决了成千上万人的就业,有力带动了共建国家的经济社会发展。新冠疫情期间,一大批合作项目仍在全力推进,对于各国的抗疫发挥了重要作用。习近平总书记强调,共建"一带一路"要切实推进关键项目落地,以基础设施互联互通、产能合作、经贸产业合作区为抓手,实施好一批示范性项目,多搞一点早期收获,让有关国家不断有实实在在的获得感。

共建"一带一路"的项目建设上,要遵循以下原则:坚持开放合作。"一带一路"相关的国家基于但不限于古代丝绸之路的范围,各国和国际、地区组织均可参与,让共建成果惠及更广泛的区域。坚持市场运作。遵循市场规律和国际通行规则,充分发挥市场在资源配置中的决定性作用和各类企业的主体作用,同时发挥好政府的作用。坚持互利共赢。兼顾各方利益和关切,寻求利益契合点和合作最大公约数,体现各方智慧和创意,各施所长,各尽所能,把各方优势和潜力充分发挥出来。

共建"一带一路"提出以来,一大批标志性项目建设不断成功推进。例如,中老铁路、匈塞铁路、印尼雅万高铁、巴基斯坦白沙瓦至卡拉奇高速公路、中巴喀喇昆仑公路二期升级改造、比雷埃夫斯港、汉班托塔港、瓜达尔港等,对于各大陆和各国之间的互联互通起到了重要作用。比较有代表性的如埃塞俄比亚亚的斯亚贝巴—吉布提铁路项目,这是非洲第一条跨国电气化铁路,全长752.7千米,客车设计时速80千米。项目于2012年开工,采用中国"国家铁路Ⅱ级标准"建设,是内陆国家埃塞俄比亚通往亚丁湾畔吉布提港的出海大通道。铁路建成后,客货运输时间缩短至7小时,物流成本大大降低,运输安全性显著提高。中国铁建通过亚吉铁路建设创造了"亚吉模式",即以铁路来带动共建国家的经济发展,这是中国企业实施亚吉铁路项目的重要成果。这种模式有两层含义:一是通过中国标准实施的铁路项目,把包括建设、装备、运营在内的全产业链带出去;二是通过铁路带动共建国家经济发展,以多种方式开展物流仓储、工业园、土地开发等合作项目,建设共建国家经济带。

除此之外,铁路公路建设类项目,还有哈萨克斯坦南北大通道 TKU 公路、白俄罗斯铁路电气化改造，以及中国企业在乌兹别克斯坦、塔吉克斯坦实施的铁路隧道等项目。这些项目有效地提升了所在国运输能力，推动了地区发展繁荣。中国愿与有关国家一道，继续打造连接亚洲各次区域以及亚非欧之间的交通基础设施网络，提升互联互通水平和区域、次区域物流运输效率。

"一带一路"项目建设涵盖的领域非常广泛，除了铁路公路之外，还包括大桥隧道、港口口岸、通信设施、能源设施等方方面面，这些项目都已经成为中国与共建国家互利共赢合作的典范。以斯里兰卡的科伦坡港口城项目为例。斯里兰卡港口城位于首都科伦坡南港以南近岸海域，与科伦坡现有的中央商务区相连，被誉为"未来城市"，由中国交通建设股份有限公司与斯里兰卡国家港务局共同开发，是中国和斯里兰卡两国在共建"一带一路"中的重点合作项目。2014 年 9 月，港口城项目一期开工。科伦坡港口城一期投资 14 亿美元，带动二级开发超过 130 亿美元，是斯里兰卡历史上外商投资单体规模最大的项目，将为当地创造超过 83 000 个就业机会。斯里兰卡政府把科伦坡港口城定位为经济枢纽和商业中心，将在其中重点建设国际金融中心，实施各类优惠政策，吸引"一带一路"周边国家投资，打造推动斯里兰卡经济社会发展的"新引擎"。与此同时，企业社会责任的履行状况直接关系到项目建设的成效。在科伦坡港口城项目建设期间，中国企业积极履行社会责任，先后实施了"渔民生计改善计划""民族团结环岛接力行""科伦坡美丽海滩计划"等多项公益活动，在当地树立了良好的口碑。疫情期间，项目积极向斯里兰卡各界捐赠医疗防护物资，斯里兰卡总理拉贾帕克萨专门发推特表示感谢。

项目建设的实践过程中，央企一直扮演"主力军"的角色。根据国资委介绍，到 2020 年初，已经有 81 家中央企业在"一带一路"共建国家承担了超过 3 400 个项目，为推动"一带一路"从理念转化为行动，从愿景转变为现实，发挥了重要作用。在"一带一路"已经开工和计划开工的基础设施项目当中，中央企业承担的项目数超过了 60%，合同投资额超过了 80%，建设了一批标志性工程项目，推动了"一带一路"共建国家的基础设施建设。中央企业根据"一带一路"共建国家经济发展的需要，先后在 20 多个国家开展了 60 多个油气合作项目，在参与矿产资源开发中加强技术交流和共享，有效提升了共建国家能源矿产资源开发的能力和水平，深化了中国与共建国家的能源资源合作。同时，中央企业积极投身当地建设，目前在海外分支机构的员工当中，85%是本地员工，不少企业员工本地化率达到了90%以上，在直接提供就业岗位的同时，还间接带动了十几倍甚至几十倍的当地就业。同时，积极投身当地社区文化建设和公益事业，造福当地民众，帮助所在地出资建设医院、学校，解决就医难、上学难等问题。

伴随着共建"一带一路"的不断推进，民营企业也坚定地"走出去"参加国际合作和实现海外产业布局，推动了一大批项目建设。根据《"一带一路"沿线中国民营企业现状调查研究报告》显示，2019年，中国民营企业500强中，191家企业参与了共建"一带一路"。未来3年有意愿参与共建"一带一路"的中国民营企业500强数量为301家，500强民企对"一带一路"有更明确的投资意愿。报告还显示，500强民企参与共建"一带一路"，主要涉足基础设施、建筑施工、电气机械、钢铁、房地产、计算机、通信和其他电子设备等行业；从分布地域来看，这些企业主要来自浙江、江苏、山东、广东和上海等5个东部沿海省市。2019年参与共建"一带一路"的191家企业中，即有141家分布于上述省市，占当年所有参与共建"一带一路"的民营企业500强的73.82%。根据中国贸促会发布《中国企业对外投资现状及意向调查报告（2021年版）》显示，"一带一路"沿线国家是企业对外投资首选地。79.5%的企业优先选择"一带一路"沿线国家，20.4%的企业选择欧洲，25.5%的企业选择北美，19.2%的企业选择南美，21.8%的企业选择非洲。

中国高度重视企业境外合规问题。合规经营是企业适应海外市场需求升级、实现可持续发展的重要方式，已成为企业参与共建"一带一路"的重要内容。根据《中国企业对外投资现状及意向调查报告（2021年版）》，超过三成的企业在东道国遭遇过合规问题。2018年底，国家发改委、外交部、商务部等七部门共同制定发布《企业境外经营合规管理指引》，指导企业做好境外经营合规管理各项工作。同时，为推动企业加强境外经营合规管理，相关部门还积极开展合规管理培训，帮助企业提高合规管理能力；强化公共信息服务，利用中国一带一路网、"走出去"公共服务平台，为企业提供法律法规、国际条约、经贸规则、规范指引、典型案例等合规管理相关信息；优化合规经营环境，通过对外商签和更新投资协定、自贸协定、避免双重征税协定等，为"走出去"企业合规经营创造良好的外部环境；完善违规惩戒机制，加强对外经济合作领域信用体系建设。

经过政府引导、法律规范和企业学习，中国企业在"一带一路"共建国家项目建设中的合规意识显著增强，注重按照东道国业主要求和国际管理，公开项目招投标程序，严格遵守项目招投标、施工建设、运营管理等过程中涉及的相关法律法规，与国际同行在同一平台上开展竞争与合作。同时，中国企业通过邀请媒体、社团等参观项目，举行新闻发布会，发行宣传册等方式，提升了项目的透明度。越来越多的国家高度支持共建"一带一路"，热切期待中国企业参与当地的项目建设。

二、政策支撑体系建设

"一带一路"政策支撑体系和协调机制具有较强的内外联动特点。中国政府对共建"一带一路"高度重视，成立了推进"一带一路"建设工作领导小组，发挥总协调作用，并在国家发展和改革委员会设立领导小组办公室。为落实好已签署的共建"一带一路"合作协议，领导小组办公室定期就相关议题召开会议，制定了工作方案，有步骤地推进同相关国家的合作。

近年来，中央和国家机关各部门围绕"五通"建设及"数字丝绸之路""廉洁丝绸之路""绿色丝绸之路"等领域的统筹协调机制逐渐完善，不断加强协同配合，积极推出相关战略规划和创新举措。2015年3月，国家发展改革委、外交部、商务部三部委联合发布了《推动共建丝绸之路经济带和21世纪海上丝绸之路的愿景与行动》，提出了共建"一带一路"的顶层设计框架，为共建"一带一路"的未来描绘了宏伟蓝图。之后，国务院及各部委、各省区市密集发布一系列推进共建"一带一路"的政策文件，为共建"一带一路"保驾护航。国务院层面就出台了包括交通、贸易、能源、旅游等各方面对接"一带一路"的文件。云南、广东、广西、江西、甘肃、陕西等省区市出台对接"一带一路"的政策文件和规划实施方案。2017年5月，推进"一带一路"建设工作领导小组办公室发布了《共建"一带一路"：理念、实践与中国的贡献》，以增进国际社会对共建"一带一路"的进一步了解，展示共建"一带一路"的丰富成果，增进各国战略互信和对话合作，为携手打造你中有我、我中有你的人类命运共同体作出新的更大贡献。2019年4月22日，在第二届"一带一路"国际合作高峰论坛召开之前，推进"一带一路"建设工作领导小组办公室发表《共建"一带一路"：进展、贡献与展望》报告，对共建"一带一路"的相关政策主张和取得的成就以及未来发展方向进行了全面的论述。

各省区市结合自身优势，因地制宜地制订参与计划。第二届"一带一路"国际合作高峰论坛专门设置了以地方合作为主题的相关分论坛，推动地方参与共建"一带一路"。目前，全国31个省区市和新疆生产建设兵团共建"一带一路"实施方案衔接工作已基本完成。根据方案，各地将在多个领域推动重点工作和重大合作项目。各地高度重视重大项目对共建"一带一路"的支撑带动作用，涉及基础设施建设、产业投资、经贸合作、能源资源合作、金融合作、人文合作、生态环境、海上合作等八方面的一批重大项目已取得早期收获。

具体来讲，"一带一路"政策支撑体系的建设首先要明确制定核心政策目标。当前，中国经济和世界经济高度关联。中国将一以贯之地坚持对外开放的基本国策，构建全方位开放新格局，深度融入世界经济体系。推进共建"一带一路"既是中国扩大和深化对外开放的需要，也是加强和亚欧非及世界各国互利合作的需要，中国愿意在力所能及的范围内承担更多责任义务，为人类和平发展作出更大的贡献。可以说，在新的时代背景下，共建"一带一路"是促进全球和平合作和共同发展的中国方案。共建"一带一路"合作是所有国家不分大小、贫富，平等相待共同参与的合作；是公开、透明、开放，为世界和平与发展增添正能量的合作；是传承丝绸之路精神，追求互利共赢和优势互补的合作；是各国共商共建共享，共同打造全球经济治理新体系的合作；是推动要素高效流动和市场深度融合，实现多元、自主、平衡和可持续发展的合作；是推动地区发展，促进繁荣稳定，扩大文明对话和互学互鉴的合作。

中国愿意将自身发展形成的经验和基础，与各国的发展意愿和比较优势结合起来，以共建"一带一路"作为重要契机和合作平台，促进各国加强经济政策协调，提高互联互通水平，开展更大范围、更高水平、更深层次的双多边合作，共同打造开放、包容、均衡、普惠的新型合作架构。共建"一带一路"以其平等包容的外在特征和契合实际的内在特点,体现了包括中国在内的"一带一路"共建国家的共同利益,是面向未来的国际合作新共识,展现了中国梦与世界梦相互联通,各国携手打造人类命运共同体的美好愿景。

其次要协同多元的政策主体和政策领域。"一带一路"的推进涉及的中央部门主要有发展改革委、外交部、财政部、商务部、交通运输部、海关总署、国家能源局等,同时,还包括地方政府、机构企业、民众等多个层次。我国还专门成立了由有关国家前政要、国际组织负责人、工商界领袖等组成的"一带一路"国际合作高峰论坛咨询委员会,为共建"一带一路"提供智力支持。"一带一路"的政策内容涵盖财税支持政策、金融支持政策、投资贸易合作支持政策、海关支持政策、交通运输支持政策、教育人文支持政策等;从合作条件来看,可分为合作机制比较成熟的地区、有一定合作机制的地区和尚未建立合作机制的地区;从政策作用上来看,可分为便利化自由化政策、支持引导性政策、规范约束性政策、应急处理政策等;从政策属性上来看,可分为财政政策、货币政策、产业政策、特殊经济区政策等;从政策作用的范围看,可分为国内政策和国际性政策等。

具体来说，在国际上要加强顶层设计、规划引领，适应共建国家发展要求，进一步研究出台推进共建"一带一路"的政策措施，尽快形成共建"一带一路"规划实施体系和政策保障体系。要加强战略对接，落实好已签署的共建"一带一路"政府间合作备忘录，建立"一国一策"互利共赢的合作方式。要加强统筹协调，坚持陆海统筹、内外统筹、政企统筹，推动形成全方位对外开放、东中西联动发展的局面。要加强示范引导，以基础设施互联互通、产能合作、经贸产业合作区为抓手，把握重点方向、重点地区、重点国家，抓好关键项目落地。要加强金融合作，打造多层次金融平台，建立服务共建"一带一路"的长期、稳定、可持续、风险可控的金融保障体系。要加强人文合作，弘扬丝路精神，为共建"一带一路"营造民心相通、文化包容的良好外部环境。要进一步规范"走出去"企业投资行为，加强安全保障论证研判，制定切实有效措施，确保重大合作项目安全成功。

同时，要做好规划，汇聚各方资源，协调多方力量，确立建设和推进路径，避免内部恶性竞争，确保建设的效率和效益；在地方或部门层面，在国际和国家规划框架下，就各自区位条件和职能职责进行规划，确立重点项目和重点工作，发挥自身优势。此外，不同层级规划要有效衔接，不同部门规划要彼此协调，有必要建立信息分享公共平台；针对共建地区仍存在较多不稳定因素，需要建立一套高效的风险规避、预警和处理机制，做到及时发现、及早预警、提前规避、妥善处理。总的来看，中国国内正形成上下联动、左右协同、创新发展的"一带一路"政策协调体系，这为共建"一带一路"注入了重要驱动力。

三、风险防控体系建设

我国发展环境正面临深刻复杂变化，当前和今后一个时期，我国发展仍然处于重要战略机遇期，但机遇和挑战都有新的发展变化。习近平总书记强调，要"坚持底线思维，增强忧患意识，提高防控能力，着力防范化解重大风险，保持经济持续健康发展和社会大局稳定，为决胜全面建成小康社会、夺取新时代中国特色社会主义伟大胜利、实现中华民族伟大复兴的中国梦提供坚强保障"。

"一带一路"共建国家众多，发展水平各异，受国际发展失衡、全球治理体系变革滞后以及各国内部运行等因素影响，部分国家和平赤字、发展赤字严重，安全短板突出。面对推进共建"一带一路"过程中的风险和挑战，做好共建"一带一路"安全保障工作的必要性和紧迫性不断上升。对此，习近平总书记多次作出重要指示。他在2016年召开的推进"一带一路"建设工作座谈会上指出，推进"一带一路"建设要切实推进安全保障，完善安全风险评估、监测预警、应急处置，建立健全工作机制，细化工作方案，确保有关部署和举措落实到每个部门、每个项目执行单位和企业。习近平总书记在2018年8月参加推进"一带一路"建设工作5周年座谈会时强调，要高度重视境外安全风险防范，完善安全风险防范体系，全面提高境外安全保障和应对风险能力，解决好安全保障等关键问题。这要求我们在推动"一带一路"向高质量发展转变的同时，必须全面贯彻落实总体国家安全观，统筹发展和安全两件大事，增强忧患意识，坚持底线思维，做到居安思危，既要有防范风险的先手，也要有应对和化解风险挑战的高招，为"一带一路"建设走深走实、行稳致远保驾护航。

2019年1月21日，在省部级主要领导干部坚持底线思维着力防范化解重大风险专题研讨班开班式上发表重要讲话时,习近平总书记专门强调"要加强海外利益保护,确保海外重大项目和人员机构安全;要完善共建'一带一路'安全保障体系,坚决维护主权、安全、发展利益,为我国改革发展稳定营造良好外部环境"。这为下一阶段高质量共建"一带一路",维护海外利益提出了更高的要求。

共建"一带一路"追求的是高质量发展,共建"一带一路"本身也是开放透明的。要根据不同国别地区、不同项目存在的风险,有针对性地建立风险预警和防控预案,完善共建"一带一路"安全保障体系,坚决维护主权、安全、发展利益,为我国改革发展稳定营造良好外部环境。结合高质量共建"一带一路"的发展目标和实践路径,海外风险防控体系的建设首先要在工作体制和运行机制上加强顶层设计和统筹协调。共建"一带一路"需要多元化的安全保障体系,既需要国家层面的领事保护、双边执法合作,也需要私营安保公司等非国家行为体力量的支持参与。

共建"一带一路"涉及各个部门、各个层次,这就要求在风险防控中继续加强各部门之间的沟通协调,建立协同机制。相关部门定期研究一些存在的重大安全风险问题,把高风险的国家和地区纳入海外风险防控的重点考量范围。强化利益融合,在互惠互利的基础上,根据不同国家国情,立足当前、考量长远、综合施策,谋求完善长期、有效的风险防控机制。同时,还要切实调动地方政府和企业的积极性,发挥它们在海外风险防控体制机制建设中的重要作用。

加大安全风险防范意识和能力。企业是共建"一带一路"的主体,"走出去"的中国企业要践行高质量发展理念,强化风险防范意识,着力提高风险防控能力。面临种类繁多的安全威胁,企业需要加大安保投入,做好安全风险评估,健全完善企业内部安保制度和措施,将安保投入纳入建设经营的成本。加强对员工的安全风险教育,先培训再派出,派出后继续进行培训,让各级员工特别是项目管理者从培训中切实提高安保防范的意识和能力。对已经实施的项目要加大对驻地安防软硬件的投入,因地制宜地制定安保预案,定期开展安防培训和安防演练,提高有关人员的安全水平。对"走出去"的个人也要加强引导和教育,强化其安全风险意识,提高其应对突发事件的能力,要求他们尊重驻在国的国情、民情、宗教信仰和风俗习惯。各类企业要规范经营行为,决不允许损害国家声誉。避免破坏中国人和中国企业海外的整体形象，给相关项目的推进带来不利影响。总的来说，企业既要合法合规经营，又要履行社会责任，成为共建"一带一路"的形象大使。

因地制宜地用好安保力量。中国私人安保公司正在经历国际化的历程。在企业的海外风险防范中可以利用国内有资质、能够"走出去"的安保公司，做好企业安全保障；更要积极用好共建"一带一路"国家现有的安保力量，形成优势互补、系统发力。

积极探索"走出去"的新合作模式。"走出去"的企业之间可以建立联盟、发挥特色、抱团出海，加强同第三国企业的利益捆绑，积极寻求同国际上其他知名企业开展合作，体现包容性和开放性。企业和智库、高校也要建立良性的合作模式，推动将相关智库和研究机构的研究成果转化为实际的生产力。

相关政府机构还要不断加强对"走出去"的企业和人员的监督、管理和培训工作，包括政府、企业、个人在内的利益相关方要提升风险防范意识和理性思维，树立预防重于保护的观念。与此同时，国家应完善法律体系，尽快研究制定境外投资法、保险法等相关法律，为企业"走出去"，参与共建"一带一路"

提供法律保障。

总之，共建"一带一路"过程中的风险防控是一项庞大复杂的工程，需要凝聚各方智慧、达成共识、形成合力、落实行动，形成政府与企业、中央与地方、国内与国外共同防范风险、化解风险的局面。只有这样，"一带一路"这项"百年大计"才能行稳致远。

四、规则标准体系建设

"一带一路"作为一项愿景宏大的发展倡议，蕴含着全新的发展理念，相关的规则标准需要突破扬弃、推陈出新。共建"一带一路"提出以来，取得大量务实成果和早期收获，特别是在以"六廊六路多国多港"为核心的基础设施的硬联通建设方面取得显著成效，中老铁路、中泰铁路、匈塞铁路、雅万高铁、瓜达尔港等标志性项目取得重要进展；但也面临一些挑战与质疑，在国际规则标准的软联通建设方面亟须加强。例如有些国家无视共建"一带一路"对接和遵循通行国际规则，质疑"一带一路"项目存在"债务陷阱"、不透明、商业贿赂、破坏环境、影响当地就业等诸多问题，聚焦所谓"规则破坏论"。鉴于此，新时代推动共建"一带一路"高质量发展,必须加强"一带一路"国际规则标准的"软联通",认真落实好两届高峰论坛成果,努力借鉴相关国际标准,统一规则体制和技术标准,实现基础设施规划和建设协同效应最大化。

习近平总书记在第二届"一带一路"国际合作高峰论坛开幕式上的讲话指出,我们要努力实现高标准、惠民生、可持续目标,引入各方普遍支持的规则标准,推动企业在项目建设、运营、采购、招投标等环节按照普遍接受的国际规则标准进行,同时要尊重各国法律法规。要坚持以人民为中心的发展思想,聚焦消除贫困、增加就业、改善民生,让共建"一带一路"成果更好惠及全体人民,为当地经济社会发展作出实实在在的贡献,同时确保商业和财政上的可持续性,做到善始善终、善作善成。

规则标准浩如烟海,从 19 世纪末到 20 世纪初,各方就开始在制定国际方面的规则标准。现在与共建"一带一路"相关的,粗略归类,可以归为国际公法、国际私法、国际经济法三大类国际规则标准。在国际经济法的标准里,投资贸易的标准是重中之重。投资贸易标准又涉及贸易、投资、运输、金融、保险、知识产权保护、劳工等各个方面，每个领域都有若干国际条约、国际公约或国际协定，需要详细敲定。

中国政府一直坚定支持多边贸易体制和自由贸易，遵循以联合国宪章为宗旨的国际法和国际关系准则，遵守中国缔结或者参加的国际公约、条约和协定，并且一直愿意为完善国际公约、国际条约、国际协定确定的国际规则标准作出中国的贡献。2020年5月，中共中央、国务院印发《关于新时代加快完善社会主义市场经济体制的意见》中提出，要推动共建"一带一路"走深走实和高质量发展，加强市场、规则、标准方面的"软联通"，强化合作机制建设。

加强"一带一路"国际规则标准的"软联通"，要坚持以"遵循为主体，完善创新为补充"的总体原则。应维护联合国在国际规则制定中的核心地位，遵循世界贸易组织关于贸易、投资和争端解决的国际规则与中国—东盟自由贸易区等区域次区域贸易安排机制的相关规则，对接联合国2030年可持续发展议程，聚焦绿色发展、廉洁、融资和债务、包容性发展、第三方市场合作、科技创新与知识产权保护等重点领域，根据不同国家和地区实际情况，分领域分步骤有力有序推进。要本着政府引导、企业主体、市场运作的原则，推动企业在项目建设、运营、采购、招投标等环节与广泛接受的国际规则标准接轨，确保项目在经济、社会、财政、环境等方面的可持续性，建设绿色之路、廉洁之路、创新之路。在此方面，我们也将充分遵守各国法律法规，使高质量的要求与各国的国情相互结合，切实落地。

近年来，我们坚持对接普遍接受的国际规则标准和最佳实践，制定了在规则标准方面的诸多文件。中国发布了《标准联通共建"一带一路"行动计划》，与49个国家和地区签署了85份标准化合作框架文件；推动出台了《"一带一路"融资指导原则》，发布了《"一带一路"债务可持续性分析框架》，建立起项目资产和债务可持续性分析框架，共同提高资产利用和债务管理水平，为共建"一带一路"融资合作提供指南；推动成立了国际商事法庭和"一站式"国际商事纠纷多元化解决机制，在数字经济、农业、税收、能源、知识产权等专业领域开展了规则对接；分享改善营商环境、加强企业合规经营的经验。

在绿色发展领域，商务部2013年通过《对外投资合作环境保护指南》，要求"企业应尊重东道国宗教信仰、民族风俗，保障劳工合法权益，树立环境保护理念，积极履行环保责任"；国家发改委 2017 年通过《企业境外投资管理办法》，要求"注重生态环境保护、树立中国投资者良好形象"；生态环境部等 2017 年通过《关于推进绿色"一带一路"建设的指导意见》，要求"重视当地民众生态环保诉求"。在第二届"一带一路"国际合作高峰论坛期间，国家发改委和联合国开发计划署、联合国工业发展组织、联合国亚洲及太平洋经济社会委员会共同发起"一带一路"绿色照明行动倡议，与联合国工业发展组织、联合国亚洲及太平洋经济社会委员会、能源基金会共同发起"一带一路"绿色高效制冷行动倡议。中国还与英国、法国、新加坡、巴基斯坦、阿联酋、中国香港等有关国家和地区主要金融机构共同签署《"一带一路"绿色投资原则》。2022 年 3 月，国家发改委与外交部、生态环境部、商务部联合印发《关于推进共建"一带一路"绿色发展的意见》，强调要积极参与国际绿色标准制定，加强与共建"一带一路"国家绿色标准对接。

在包容性发展领域，商务部 2013 年印发《关于加强对外投资合作在外人员分类管理工作的通知》指出："应积极推进员工'属地化'，尽可能多雇佣当地员工，为当地创造就业机会"。国家发改委等部门 2017

年通过《关于进一步引导和规范境外投资方向的指导意见》，禁止不符合投资目的国环境、社会、安全标准的境外投资；同年通过《民营企业海外投资经营行为规范》，要求从事境外活动的民营企业积极招聘当地人才并为他们创造就业机会。

针对透明度和腐败行为的质疑，共建"一带一路"维护《联合国反腐败公约》在反腐败国际合作中的主渠道地位，不断与参与方携手加强廉洁建设。坚持一切合作都在阳光下运作，共同以零容忍态度打击腐败。中国发起了《廉洁丝绸之路北京倡议》，完善反腐败法治体系和机制建设，愿同各方共建风清气正的丝绸之路。习近平总书记强调，要加快形成系统完备的反腐败涉外法律法规体系，加大跨境腐败治理力度。

总的来看，政策对接是落实各国发展战略的具体体现，规则标准对接是深化互信合作的基本保障。推进"一带一路"国际规则标准的"软联通"要以双边机制为主体，逐步过渡到小多边、大多边机制。要在双边签署合作文件基础上，明确必须遵循和对接的有关领域国际规则标准；待条件成熟后，依托多边和区域次区域合作机制加强国际规则标准的"软联通"。《区域全面经济伙伴关系协定》（RCEP）已于2022年

1月1日正式生效并于 2023 年 6 月进入全面实施新阶段，中国将同合作伙伴一起构建全球最大规模的自贸区。中国还积极申请加入《全面与进步跨太平洋伙伴关系协定》（CPTPP）和《数字经济伙伴关系协定》（DEPA），通过高水平开放带动高质量发展，也推动了国际规则标准的"软联通"。

加强"一带一路"国际规则标准的"软联通"，关键是要强化国际合作机制。一方面要积极对接相关国际机制，充分遵循现有全球经济治理机制下普遍接受的国际规则标准；另一方面，要根据共建"一带一路"高质量发展的需要，创设专门的国际机制，牵头推进"一带一路"国际规则标准的完善与创新。

"一带一路"国际合作高峰论坛咨询委员会报告指出，共建"一带一路"注重在项目实施中加强规则标准融合，有助于促进伙伴国在更广泛的领域实现规则标准对接、整合国际最佳实践，确保合作在符合规则、高效、透明、包容和环境可持续的基础上开展，从而减少了跨境贸易和投资机制障碍，使世界变得更加开放、更具增长潜力。亚投行就是国际规则标准体系建设的成功代表。亚投行从 2016 年开始运营，始终按照多边开发银行模式和原则运作，坚持国际性、规范性、高标准，始终保持三大国际评级机构给予的最高 AAA 级信用评级。2016—2022 年，在基础设施建设、推动当地经济与社会发展、改善人民生活等方面，亚投行已累计批准 202 个项目，融资总额超过 388 亿美元，撬动资本近 1 300 亿美元，涉及能源、交通、水务、通信、教育、公共卫生等领域的可持续基础设施建设与成员经济的绿色复苏，项目遍布全球 33 个国家。随着 2022 年底非洲国家毛里塔尼亚的获批加入，亚投行现已拥有来自世界六大洲的 106 个成员，覆盖全球 81% 的人口和 65% 的 GDP，成为成员数量仅次于世界银行的全球第二大国际多边开发机构。亚投行朋友圈越来越大、好伙伴越来越多、合作质量越来越高，在国际上展示了专业、高效、廉洁的新型多边开发银行的崭新形象。习近平主席在亚洲基础设施投资银行第五届理事会年会视频会议开幕式上的致辞中强调，要创造最佳实践，把亚投行打造成高标准的新型国际合作机构。亚投行发展要坚持高标准、高质量，把遵循国际通行标准、尊重普遍发展规律同适应各成员自身发展的实际需要有机结合起来，创造国际发展合作最佳实践。

第四章 共建"一带一路"的推进方式

五、理论话语体系建设

民心相通是共建"一带一路"的社会根基，国际舆论态势是民心相通效果的重要衡量指标。共建"一带一路"提出以后，引发了国际社会的强烈关注和热烈讨论，有人将其称为中国版的"马歇尔计划"，有人则从过剩产能输出论、地缘政治扩张论、陆权对冲海权论、反制美国重返亚太论、势力范围论和另起炉灶论等各种角度加以曲解；还有少数西方媒体和学者认为中国是在借"一带一路"推进"新殖民主义"。虽然这些对"一带一路"的误读缺少理论和事实根据，是对事实的歪曲和对中国的无理攻击，但不可否认，"一带一路"相关国家在一定程度上受到这些观点的影响，不少项目曾遇到过因当地负面舆论而受到冲击的情况。2013年以来，习近平主席率先垂范，生动讲述共建"一带一路"的鲜活故事，使沿线国家对共建"一带一路"的认同感不断增强。为此，应进一步加强共建"一带一路"的理论话语体系，增强国际社会对这一倡议的正确理解和客观认识，正本清源，增信释疑，推进共建国家的民心相通，营造有利于共建的良好舆论环境。这已经成为共建"一带一路"的重要组成部分。

2016年8月17日,习近平总书记在推进"一带一路"建设工作座谈会上强调,要切实推进舆论宣传,积极宣传"一带一路"建设的实实在在成果,加强"一带一路"学术研究、理论支撑、话语体系建设。2016年12月5日,习近平总书记主持召开中央全面深化改革领导小组(现"中央全面深化改革委员会")第三十次会议审议通过了《关于加强"一带一路"软力量建设的指导意见》,会议指出,软力量是"一带一路"建设的重要助推器。要加强总体谋划和统筹协调,坚持陆海统筹、内外统筹、政企统筹,加强理论研究和话语体系建设,推进舆论宣传和舆论引导工作,加强国际传播能力建设,为"一带一路"建设提供有力理论支撑、舆论支持、文化条件。2017年5月14日,习近平主席在首届"一带一路"国际合作高峰论坛上指出,"一带一路"建设要以文明交流超越文明隔阂、文明互鉴超越文明冲突、文明共存超越文明优越,推动各国相互理解、相互尊重、相互信任。这既是推进"一带一路"建设的必然要求,也是构建"一带一路"理论话语体系的基础。2021年5月31日,习近平总书记在中共中央政治局第三十次集体学习时强调，讲好中国故事，传播好中国声音，展示真实、立体、全面的中国，是加强我国国际传播能力建设的重要任务。要深刻认识新形势下加强和改进国际传播工作的重要性和必要性，下大力气加强国际传播能力建设，形成同我国综合国力和国际地位相匹配的国际话语权，为我国改革发展稳定营造有利的外部舆论环境，为推动构建人类命运共同体作出积极贡献。这为"一带一路"理论话语体系建设提供了科学指引和根本遵循。

在"一带一路"理论话语体系构建上，第一，要对相关理念进行准确阐释。讲清楚包括互联互通、合作共赢、公共产品、命运共同体、义利并举、开放包容、互学互鉴、共商共建共享、以点带面、国际产能合作等"一带一路"话语体系的四梁八柱，说透彻"一带一路"与"马歇尔计划"的差异。要用清晰的话语说明中国倡导的"互联互通"不只是修路架桥，而是涵盖政策沟通、设施联通、贸易畅通、资金融通和民心相通在内的"五通"，是全方位、立体化、网络状的大联通；中国推动的"国际产能合作"并非对外输出落后、过剩产能，而是产业链的整体输出，将促进共建国家发展能力和工业体系的培育塑造；共建

"一带一路"作为"全球公共产品"属性不是指中国一家提供所有资金，而是体现在它为国际社会提供了包容性巨大的发展平台，能够把快速发展的中国经济同共建国家的利益结合起来。要加快构建中国话语和中国叙事体系，用中国理论阐释中国实践，用中国实践升华中国理论，打造融通中外的新概念、新范畴、新表述，更加充分、更加鲜明地展现中国故事及其背后的思想力量和精神力量。

第二，要深入挖掘"一带一路"背后的历史文化和实践经验。"一带一路"从古今中外的各种有益思想资源中汲取养分。一是古代丝绸之路发展的历史经验，尤其是以和平合作、开放包容、互学互鉴、互利共赢为特征的丝绸之路精神。二是中华传统思想文化中"天下大同""天下为公""和合"等理念。三是马克思主义关于各国人民共同发展的国际主义精神。四是新中国自成立尤其是改革开放以来的探索经验，如"发展是硬道理""要致富，先修路"等。五是各主要国家和国际组织对加强区域合作、全球发展的构想规划以及由此积累的经验教训，尤其是审慎节制的推进原则。六是共建"一带一路"进程中我国与共建国家共同形成的大量鲜活实践及其经验总结。

第四章 共建"一带一路"的推进方式

第三,讲好"一带一路"的鲜活故事。共建"一带一路"不是空洞的口号,而是看得见、摸得着的实际举措与成果。共建"一带一路"过程中,涌现出了许多生动的故事和鲜活的人物。要用好这些资源,以小见大,以点带面,生动易懂地诠释共建"一带一路"和平、开放、合作、共赢的内在属性和共商、共建、共享的推进原则,使命运共同体、利益共同体、责任共同体的理念更加深入人心。习近平总书记强调,"一带一路"是大家携手前进的阳光大道,不是某一方的私家小路。所有感兴趣的国家都可以加入进来,共同参与、共同合作、共同受益。共建"一带一路"追求的是发展,崇尚的是共赢,传递的是希望。共建"一带一路"不是中国一家的独奏,而是沿线国家的合唱。相应地,"一带一路"话语体系的表达传播不是中国的自说自话,而是中国话语与各国声音深度交流的开放性成果。中国话语要体现中国特色、中国风格、中国气派,但也要注重寻求与各国话语的共通和兼容。在传播内容方面,在讲好中国故事的过程中,要注意多挖掘中国与世界共通的内容,多强调共性、互补性、互利性,避免陷入话语对立和认同对立。

第四,不断扩充话语传播的路径。充分调动多种公共外交资源与策略工具,为"一带一路"项目推进及政策合理性与成功实施提供解释与论证。中国学者需要以扎实的研究,通过发布智库研究报告、接受媒体采访等形式早发声、善发声、主动发声。针对国外舆情的复杂性和多样性,还要用好国外智库、学者、媒体等多种途径,引导他们形成较为客观公正的报道。

第五,还要注意防范负面舆情的溢出与共振,加强对相关议题的舆情监测,提高"一带一路"信息发布的及时性和透明度,加强与当地社会政治家、主流媒体编辑和记者、学者、非政府组织领导人等意见领袖的交流沟通;重视通过新媒体平台和社会公众进行对话而非单向的信息输出;重视与世界银行、国际货币基金组织等机构的沟通与合作,通过国际组织等第三方行为体协调行动,发出中国声音,强化共建"一带一路"国际传播效能,营造有利的国际舆论环境。

第四章 共建"一带一路"的推进方式

思考题

1. 如何做好地方外事服务共建"一带一路"?
2. "一带一路"项目建设应注意什么问题?
3. 如何做好共建"一带一路"的风险防控?
4. 如何讲好"一带一路"故事?

第五章　共建"一带一路"面临的机遇与挑战

经过 10 年的发展，共建"一带一路"的朋友圈越来越广、伙伴越来越多、合作越来越深入。共建"一带一路"有理念、有机制、有举措，必将行稳致远。与此同时，国际形势的不稳定性、不确定性更加突出，人类面临的全球性挑战更加严峻，世界经济运行风险和不确定性显著上升，特别是 2020 年以来新冠疫情在全球多点暴发、快速蔓延，共建"一带一路"的推进面临的挑战与风险也呈现出多样性、复杂性、联动性等新的特点。下一阶段，我们要以习近平主席在高峰论坛期间与各国领导人共同擘画的蓝图，以及在三次座谈会上的重要讲话为根本遵循，坚决贯彻新发展理念，承前启后，继往开来，与各方携手绘制具体生动的"工笔画",推动共建"一带一路"沿着高质量方向不断前进。

第一节　共建"一带一路"下一阶段工作重点

在推进"一带一路"建设工作5周年座谈会上,习近平总书记指出,经过夯基垒台、立柱架梁的5年,共建"一带一路"正在向落地生根、持久发展的阶段迈进。我们要百尺竿头、更进一步,在保持健康良性发展势头的基础上,推动共建"一带一路"向高质量发展转变,这是下一阶段推进共建"一带一路"工作的基本要求。要坚持稳中求进工作总基调,贯彻新发展理念,集中力量、整合资源,以基础设施等重大项目建设和产能合作为重点,解决好重大项目、金融支撑、投资环境、风险管控、安全保障等关键问题,形成更多可视性成果,积土成山、积水成渊,推动这项工作不断走深走实。

过去几年,共建"一带一路"完成了总体布局,绘就了一幅"大写意",今后要聚焦重点、精雕细琢,共同绘制好精谨细腻的"工笔画"。要在项目建设上下功夫,建立工作机制,完善配套支持,全力推动项目取得积极进展,注意实施雪中送炭、急对方之所急、能够让当地老百姓受益的民生工程。要在开拓市场上下功夫,搭建更多贸易促进平台,引导有实力的企业到共建国家开展投资合作,发展跨境电子商务等贸易新业态、新模式,注重贸易平衡。要在金融保障上下功夫,加快形成金融支持共建"一带一路"的政策体系,有序推动人民币国际化,引导社会资金共同投入共建国家基础设施、资源开发等项目,为"走出去"企业提供资金支持。要推动教育、科技、文化、体育、旅游、卫生、考古等领域交流蓬勃开展,围绕共建"一带一路"开展卓有成效的民生项目。要规范企业投资经营行为,合法合规经营,注意保护环境,履行社会责任,成为共建"一带一路"的形象大使。要高度重视境外风险防范,完善安全风险防范体系,全面提高境外安全保障和应对风险能力。

进一步推进基础设施互联互通。"一带一路"设施联通水平日益提升,有力促进了资源要素流动。进一步加强全方位互联互通,将为深化联动发展打下坚实基础。一是高水平建设基础设施。充分发挥各国资源禀赋优势,建设更多高质量、可持续、包容可及的基础设施。二是优化互联互通网络。加快建设中欧班列、陆海新通道等国际物流和贸易大通道,发展"丝路电商",帮助更多国家提升互联互通水平。三是建立健全多元化投融资体系。坚持以企业为主体、以市场为导向,遵循国际惯例和债务可持续原则。充分发挥专项贷款、丝路基金、专项投资基金作用,支持多边开发融资合作中心有效运作。

不断拓展第三方市场合作。我国已对外签署40多个产能合作文件、14个第三方市场合作文件,促进了各国共享发展。强化贸易投资带动作用,不断提升合作层次,将为共建"一带一路"拓展合作空间。一是做优做精重大项目。提升产能和装备"走出去"水平,建设一批综合效益好、各方都欢迎的项目,构筑互利共赢的产业链供应链体系。二是提升境外经贸合作区。打造一批产业定位清晰、区位优势突出、运营管理先进、生态效应明显的合作区,带动当地就业,促进当地经济发展。三是拓展第三方市场合作。促进我国企业和各国企业优势互补,完善第三方市场合作机制,实现"1+1+1>3"的共赢效果。

加强规划政策对接和人文沟通。我国已经同152

个国家和 32 个国际组织签署 200 余份共建"一带一路"合作文件，为共建"一带一路"构建了坚实的法律基础。在双边经贸合作机制下建立了 90 多个贸易投资等工作组，凝聚了广泛国际合作共识。不断深化政策沟通，将对共建"一带一路"发挥重要先导作用。一是推进战略、机制、规划对接。不断完善多双边经贸合作机制，继续推动与各国发展战略、区域和国际发展议程有效对接，发掘合作新潜力。二是加强政策、规则、标准联通。按照高标准、惠民生、可持续目标，对接普遍接受的国际规则标准，提升"软联通"水平。三是促进人文交流。深化公共卫生、科技教育等领域合作，讲好中国故事，更好发挥"一带一路"故事丛书作用，增进民心相通。

与此同时，共建"一带一路"将坚持以人民为中心的理念。始终注重民生导向，对接联合国 2030 年可持续发展议程，聚焦消除贫困、增加就业、改善民生，以零容忍态度共同打击腐败，让共建"一带一路"成果更好惠及全体人民，为当地经济社会发展作出实实在在的贡献。

我们将积极打造全球互联互通伙伴关系。这是第二届高峰论坛上各方达成的重要共识。我们将以此为指引，努力提升基础设施互联互通水平，建设中欧班列、陆海新通道等国际物流和贸易大通道，发展经贸产业合作园区，推动经济走廊建设提质升级，让更多国家参与全球价值链、产业链、供应链并从中受益。

我们将坚持对接普遍接受的国际规则标准和最佳实践。本着政府引导、企业主体、市场运作的原则，推动企业在项目建设、运营、采购、招投标等环节与广泛接受的国际规则标准接轨，确保项目在经济、社会、财政、环境等方面的可持续性，建设绿色之路、廉洁之路、创新之路。在此方面，我们也将充分遵守各国法律法规，使高质量的要求与各国的国情相互结合，切实落地。

我们将逐步建设多层次的合作架构。既要在落实第二届高峰论坛成果基础上，积极筹备第三届高峰论坛，也要建设好、维护好、发展好各类双边、三边和多边合作平台，使之相辅相成、相互促进，为共建"一带一路"提供有力机制支撑。

我们将扎实推进以成果为导向的务实合作。"一带一路"合作不是"清谈馆"，而是"行动队"。要坚持结果导向、行动导向和项目导向，完善和扩充"六廊六路多国多港"务实合作架构，确保已签署的合作文件渗透落实到具体项目中，推进更多符合高质量发展的务实合作项目，打造更多经得起历史考验和人民评说的精品工程。

当前我国正处于中华民族伟大复兴战略全局与世界百年未有之大变局相互影响的关键时期，外部环境和内部条件都在发生深刻变化。习近平总书记在第三次共建"一带一路"座谈会上指出，要正确认识和把握共建"一带一路"面临的新形势。总体上看，和平与发展的时代主题没有改变，经济全球化大方向没有变，国际格局发展战略态势对我有利，共建"一带一路"仍面临重要机遇。同时，世界百年未有之大变局正加速演变，新一轮科技革命和产业变革带来的激烈竞争前所未有，气候变化、粮食安全等全球性问题给人类社会带来的影响前所未有，共建"一带一路"国际环境日趋复杂。我们要保持战略定力，抓住战略机遇，统筹发展和安全、统筹国内和国际、统筹合作和斗争、统筹存量和增量、统筹整体和重点，积极应对挑战，趋利避害，奋勇前进。

要夯实发展根基。要深化政治互信，发挥政策沟通的引领和催化作用，探索建立更多合作对接机制，推动把政治共识转化为具体行动、把理念认同转化为务实成果。要深化互联互通,完善陆、海、天、网"四位一体"互联互通布局,深化传统基础设施项目合作,推进新型基础设施项目合作,提升规则标准等"软联通"水平,为促进全球互联互通做增量。要深化贸易畅通,扩大同周边国家贸易规模,鼓励进口更多优质商品,提高贸易和投资自由化便利化水平,促进贸易均衡共赢发展。要继续扩大三方或多方市场合作,开展国际产能合作。要深化资金融通,吸引多边开发机构、发达国家金融机构参与,健全多元化投融资体系。要深化人文交流,形成多元互动的人文交流大格局。

要稳步拓展合作新领域。要稳妥开展健康、绿色、数字、创新等新领域合作,培育合作新增长点。要加强抗疫国际合作,继续向共建国家提供力所能及的帮助。要支持发展中国家能源绿色低碳发展,推进绿色低碳发展信息共享和能力建设,深化生态环境和气候治理合作。要深化数字领域合作,发展"丝路电商",构建数字合作格局。要实施好科技创新行动计划,加强知识产权保护国际合作,打造开放、公平、公正、非歧视的科技发展环境。

要更好服务构建新发展格局。要统筹考虑和谋划构建新发展格局和共建"一带一路",聚焦新发力点,塑造新结合点。要加快完善各具特色、互为补充、畅通安全的陆上通道,优化海上布局,为畅通国内国际双循环提供有力支撑。要加强产业链供应链畅通衔接,推动来源多元化。要优质打造标志性工程。民生工程是快速提升共建国家民众获得感的重要途径,要加强统筹谋划,形成更多接地气、聚人心的合作成果。

要全面强化风险防控。要落实风险防控制度,压紧压实企业主体责任和主管部门管理责任。要探索建立境外项目风险的全天候预警评估综合服务平台,及时预警、定期评估。要加强海外利益保护、国际反恐、安全保障等机制的协同协作。要统筹推进疫情防控和共建"一带一路"合作,全力保障境外人员生命安全和身心健康,突出防控措施的精准性,着力保障用工需求、人员倒班回国、物资供应、资金支持等。要教育引导我国在海外企业和公民自觉遵守当地法律,尊重当地风俗习惯。要加快形成系统完备的反腐败涉外法律法规体系,加大跨境腐败治理力度。各类企业要规范经营行为,决不允许损害国家声誉。对违纪违法问题,发现一起就严肃处理一起。

要强化统筹协调。要坚持党的集中统一领导,领导小组要抓好重大规划、重大政策、重大项目、重大问题和年度重点工作等协调把关。有关部门要把共建"一带一路"工作纳入重要议事日程，统筹落实好境外项目建设和风险防控责任。地方要找准参与共建"一带一路"定位。要营造良好舆论氛围，深入阐释共建"一带一路"的理念、原则、方式等，共同讲好共建"一带一路"故事。

下一阶段"一带一路"建设的推进，要坚持以习近平新时代中国特色社会主义思想为指导，深入贯彻落实习近平总书记在三次"一带一路"建设座谈会上的重要讲话精神。认真落实党中央、国务院决策部署，坚持稳中求进工作总基调，坚持新发展理念，统筹推进疫情防控和经济社会发展需要，高质量推动共建"一带一路"，为全球经济复苏作出更大贡献。

第二节　共建"一带一路"面临的主要挑战

2013年以来，伴随着共建"一带一路"的稳步推进，中国积极推动全球互联互通水平的进一步提升，不断使新的伙伴关系理念转化为务实行动，完善了全球治理体系，带动广大发展中国家实现共同发展，助力了中国国内新一轮的改革开放。中国的理念和倡议得到了国际社会越来越广泛的认可与支持。中国与共建"一带一路"国家之间的政治、经贸、人文交流频繁，在"五通"方面取得了一系列进展，利益融合不断加深，海外安全的传导性也进一步提升。由于共建"一带一路"国家在政治制度、发展模式、社会人文、安全形势等方面差别很大，利益诉求也各不相同，共建"一带一路"面临着综合、复杂和多变的安全风险，"一带一路"共建国家海外利益保护的重要性和紧迫性进一步提升。总的来说，经过不断攻坚克难和几年的经验积累可以看到，共建"一带一路"是一项艰巨、浩大和长期的任务，进一步推进还面临着许多风险和挑战。

一、大国博弈风险

随着中国综合国力的不断上升，国际力量"东升西降"的态势进一步发展，大国之间的较量日益激烈。特别是美国总统特朗普执政以后，大幅度调整了奥巴马时期的内政外交政策，在国际上奉行"以实力求和平"的方针,强化军事力量,推行单边主义,破坏了原有的国际秩序。从 2017 年底开始,美国接连发布《国家安全战略报告》《国防战略报告》《核态势审议报告》等战略文件,将中国视为最首要、最长远的战略竞争对手,并着手对中国采取"全政府、全手段、全领域"的打压。2019 年以来,美国持续加强对华"贸易摩擦",在台湾、涉港、涉疆、涉藏等涉及我国核心利益问题上蓄意攻击抹黑,并在南海等地区安全热点上对华施压,使得中美关系遇到了前所未有的挑战。在美国"印太战略"中,中国是其主要的遏制对象,阻挠"一带一路"的顺利推进则成为其重要的战略抓手。

首先,美国政府加大力度对"一带一路"进行批评、抹黑。以时任美国副总统彭斯和国务卿蓬佩奥为代表的强硬派在不同场合始终不遗余力地批评共建"一带一路",指责"一带一路"带来"债务陷阱",施压意大利等盟友国家不要与中国签署"一带一路"合作备忘录。2017 年的首届"一带一路"国际合作高峰论坛,美国派出了以白宫国安会亚太事务高级主任为代表的团队参加,2019 年第二届并未派出高级别官员参会,同时还宣称对"一带一路"融资情况表示担忧。

2019年6月12日，美国国会参议院财政委员会下设的国际贸易、海关、全球竞争力小组委员会就"中国的'一带一路'建设"召开听证会。在听证会上，美方多位议员对"一带一路"进行指责和批评。时任美国印太司令部司令菲利普·戴维德森2019年10月在哈佛大学的演讲中再次批评"一带一路"的"债务""腐败"等问题，并强调这"不仅仅是一个经济倡议。中国计划利用这些项目支持自身的战略利益，寻求海外军事扩张"。美国副总统彭斯也在演讲中渲染"一带一路"的军事属性，强调"中国利用'一带一路'建设，打着贸易的幌子在世界各港口建立据点，但这些都可能被用作军事用途"。尽管事实一再证明美国政府的这些批评和抹黑都毫无依据，但是这些言论带来的负面舆情确实对中国的一些项目推进形成了冲击。尤其是一些非政府组织以此为依据阻挠中国企业海外项目推进的情况时有发生。

其次，加强与主要盟友的协调与合作。尽管在很多问题上频频指责盟友，但特朗普政府在联合盟友共同抗衡"一带一路"上还是十分卖力且坚定不移。2017年11月，美国海外私人投资银行（OPIC）与日本国际合作银行（JBIC）建立了合作伙伴关系，共同为地区国家提供基础设施融资等支持。2018年2月，美国海外私人投资银行与澳大利亚政府也签署类似的谅解备忘录。美日澳三国试图在投融资方面与中国展开竞争。2018年7月，美日澳三国宣布建立"印太"基础设施投资伙伴关系。同年11月，美日澳三方进一步签署落实三国基础设施投资伙伴关系合作备忘录，三方将共同动员和支持私营部门在"印太"地区建设重大基础设施项目，加强数字互联互通和能源基础设施建设。三方还在2019年大阪二十国集团会议上共同推动高质量基础设施建设倡议。目前三国在基础设施建设、网络安全、军事合作等领域合作逐渐加深，"一带一路"无疑将进一步成为共同针对的目标。2019年4月11日，美国海外私人投资银行与加拿大和欧盟签署了一项三方协议，这是美国主导的旨在为新兴经济体提供一种有别于"一带一路"的"强有力"的替代方案。该公司在声明中称，该联盟将加强合作，"推进共同的发展目标，并强调参与者致力于为不可持续的国家主导模式提供强有力的替代方案"。

最后，设置新的机制和规则障碍。美国一直试图利用多边国际机构制定规则来遏制中国的贷款行为。

二战结束以来，美国一直在主要的国际金融机构中占有绝对的话语权，并以此规制发展中国家，维护自己的经济霸权地位。特朗普政府尽管对于多边机制缺乏兴趣，却仍希望利用这些机制为中国的"一带一路"建设设置障碍。2018年8月，16名美国参议员曾联名写信，呼吁美国利用国际货币基金组织最大股东的优势，左右该机构对成员国的救助，从而阻止"一带一路"的推进。尽管之后国际货币基金组织强调机构决策不会受到美国影响，但是时任美国财长姆努钦在国际货币基金组织年会上还是对其继续施压，强调"国际货币基金组织应当采取更多措施，提高中国基础建设贷款的透明度"。在2019年国际货币基金组织的春季年会上，美国就提出反对该组织向某些发展中国家提供款项，因为美国担心，这些款项会被用来偿还中国贷款。

2019年11月参加东亚合作领导人系列会议期间，美国时任商务部长罗斯表示，美国将在亚洲增加投资和贸易，推出旨在帮助亚洲可持续发展的"蓝点网络"计划，以抗衡中国数千亿美元的"一带一路"基础设施倡议。这一计划将涵盖那些承诺推动"可持续基础建设"的国家，目的是要把诸如澳大利亚和日本等国家的政府、企业和民间社会结合起来，在"共同标准下"审核认证建设计划。美国指出国际认可的共同标准就是保证项目的透明度，维护相关国家的主权和资源权益，保护劳工标准和人权，关注环境保护和法治，借鉴政府在采购和融资方面的最佳实践等。利用这一计划，美国试图说服亚洲的发展中国家不要依靠中国的资金和基础设施。

拜登上台以来，将中国视为"最严峻竞争者"，将"一带一路"作为遏华制华的重要抓手，综合运用政治、经济、外交、规则、舆论等手段，全方位实施干扰破坏。2021年至今，美欧接连推出"重建更美好世界"（B3W）、"全球门户计划"（Global Gateway）、"全球基础设施和投资伙伴关系"（PGII）等全球基础设施互联互通投资建设计划，拉开大国基建竞争的序幕。

2021年6月，七国集团峰会推出"重建更美好世界"全球基础设施投资计划，以共同的价值观为主要驱动力。美国有意通过此倡议取代"一带一路"。美国总统国家安全事务助理沙利文提出，"重建更美好世界"是七国集团涉华问题的三大共识之一，将坚持高标准、透明、友好的原则，并成为"一带一路"的替代方案。美国务卿布林肯对意大利媒体表示，无论是对话竞争、合作还是对抗，美国都需要团结其他各方，尝试说服七国集团其他国家避免效仿意大利经验参与"一带一路"合作。拜登更是声称要帮助全球较贫困国家加强基础设施建设，提供所谓"价值驱动、高标准、透明"的伙伴关系。可以看到，美西方把民主、人权、环保、劳工等西方价值理念都与相关基础设施项目挂钩，价值观色彩更加浓重。

规则制衡是重要手段。"重建更美好世界"明确提出将加强全球规则和标准协调，将绿色、规则等软性指标大幅前置，加强技术和标准规制，筑高基建项目评估、准入和运营门槛，推销"可持续基础设施"概念。突出集体领导和分工协作，以七国集团为核心打造基础设施伙伴关系，允许伙伴国有各自重点合作地区；强调资源上的公私协同，通过伙伴国各自和多边发展融资机构的支持性和孵化类投资，以期撬动数千亿美元的私人部门资本。在领域上聚焦新兴基础设施项目，包括气候变化、卫生安全、数字技术和性别平等等；在地域上覆盖拉美和加勒比地区、非洲以及"印太"地区，在国别上锁定中低收入水平国家。

除了美国之外，欧洲对冲"一带一路"明显提速。2021年12月1日，欧委会出台名为"全球门户"的欧盟全球基础设施建设计划，加大对共建"一带一路"的竞争与制衡。欧盟"全球门户"计划于2021—2027年筹集3 000亿欧元，在全球数字、能源、运输领域开展智能、清洁、安全的互联互通建设，加强全球卫生、教育、研究体系，推动疫情后全球经济复苏。该计划将"民主价值观和高标准、良政和透明度、平等伙伴关系、绿色清洁、确保安全、促进私人投资"作为首要原则和投资前提，大力标榜欧盟自身标准规则的"优越性"，声称将"以公平和优惠的条件提供融资，限制负债风险"，"确保投资对当地公民、环境和经济的可持续性"，强调私人部门参与、提供发展援助而非贷款等。重点关注欧盟大周边和非洲、中亚、拉美地区。

来自美西方的大国博弈思维和理念认知的差异将在"一带一路"推进过程中长期存在，这将给下一阶段高质量共建"一带一路"从政治、经济、舆论等方方面面都带来冲击，成为必须长期应对的重要挑战。

二、政治安全风险

"一带一路"共建国家大多在发展程度、治理模式、民族关系等方面具有高度的复杂性，国内政治、经济、安全等风险比较突出，给共建"一带一路"带来了挑战。例如，很多国家政党轮替之后缺乏政策连续性，新上台的政党出于自身政治利益，以前任与其他国家签署的协议为政治筹码，讨价还价，甚至推翻已经签署的协议。政局变动增加了共建"一带一路"的难度。

近年来，一些共建国家政局变动增加了"一带一路"项目的变数。在东南亚地区，2018年5月马哈蒂尔当选马来西亚总理之后，立刻叫停了价值约150亿美元的由中资企业承建的马东海岸铁路项目；7月，马来西亚政府又以"国家利益"为由，向承建该国东海岸铁路的中企发出停工令。受停工令影响，当月就导致1 000名工人因此失业，主要为当地工人。2019年，马哈蒂尔政府对"一带一路"的表态逐渐变化。在来华出席第二届"一带一路"国际合作高峰论坛时，马哈蒂尔表示马方支持共建"一带一路"，期待通过共建"一带一路"加快自身发展。在访华过程中，中马双方总理共同见证了马来西亚东海岸铁路共建国家开发、恢复"马来西亚城"项目、加强棕榈油贸易等双边合作文件的签署。东南亚的缅甸同样如此。缅甸政治转型中的不确定性是中缅经济走廊建设所面临的挑战之一。2021年初缅政局突变后，安全形势趋紧，严重影响中企在缅建设运营。

斯里兰卡在2015年大选期间，科伦坡港口城等中斯"一带一路"合作项目成为竞选各方争论的焦点，以西里塞纳为总统的新政府上台之初以环保等借口暂停了港口城项目。2019年11月，斯里兰卡新总统戈塔巴雅·拉贾帕克萨就职之后，在接受印度媒体采访时曾提出希望与中国重新谈判一份关于汉班托塔港的租赁协议，认为"这是一个错误"。随后在12月19日集体会见外国驻斯记者时，拉贾帕克萨又明确表示，斯政府不会与中方重新谈判汉班托塔港合作协议，已签署的商业合同不会因政府更迭而变化。斯政府的关切在于应掌握所有涉及港口的安全控制权。尽管斯里兰卡政府澄清了一些媒体的不实报道，并强调了与中国在"一带一路"框架下继续加强合作的意愿，但是总的来说，与中国政策的持续性相比，斯里兰卡国内政局的变化和政策的延续性不足是中斯两国合作面临的挑战之一。从斯里兰卡等国的例子可以看出，共建"一带一路"国家的政局变动有时会给相关项目的推进带来一定波折。

近年来共建"一带一路"在非洲面临的内部政治风险也在上升。一些国家维护政局稳定的压力非常大。一方面,比较突出的问题就是老人政治。非洲还有很多国家老人长期执政,增大了国内政治风险,同时具有带动效应。2019 年非洲有多个国家出现了非正常的政权更迭,例如阿尔及利亚和苏丹共和国(北苏丹)。两国都是国内出现大规模街头抗议活动,要求长期统治国家的老总统下台,继而军方在民意压力下进行"逼宫",迫使老总统辞职。两国与中国的关系都非常密切,中国在这两个国家都有大规模的投资。另一方面,非洲许多国家的新生代领导人越来越多,他们大多接受西方的思想,容易受到西方的挑拨,在外交上讲究实用主义。最近两年在坦桑尼亚、塞拉利昂等国的机场、港口等项目就曾遭到阻碍。未来非洲国家更换领导人之后新政权政策连续性也有可能缺乏保障。

另外,根据南非《邮卫报》报道,2020 年非洲共发生 17 200 多起政治暴力事件,较 2019 年增加 4 000 多起。加纳、几内亚、坦桑尼亚、乌干达、中非等国大选前后均发生暴力袭击乃至社会骚乱;乍得总统代比身亡导致乍局势波动,反政府游行和暴力冲突增多;埃塞俄比亚提格雷州武装冲突;尼日利亚、安哥拉、非洲等国接连发生针对中国人的抢劫、凶杀、绑架等恶性刑事案件。这些都是对双方共建"一带一路"的考验。

三、贸易投资风险

伴随着共建"一带一路"的迅速推进，中国对外投资合作持续健康发展，投资层次和水平不断提升。根据商务部、国家统计局和国家外汇管理局联合发布的《2020年度中国对外直接投资统计公报》显示，2020年中国对外直接投资1 537.1亿美元，同比增长12.3%，流量规模首次位居全球第一。2020年末，中国对外直接投资存量达2.58万亿美元，次于美国（8.13万亿美元）和荷兰（3.8万亿美元）。中国在全球外国直接投资中的影响力不断扩大，流量占全球比重连续5年超过一成，2020年占20.2%；存量占6.6%，较上年提升0.2个百分点。2020年中国双向投资基本持平，引进来走出去同步发展。

截至2020年底，中国2.8万家境内投资者在全球189个国家（地区）设立对外直接投资企业4.5万家，全球80%以上的国家（地区）都有中国的投资，年末境外企业资产总额达 7.9 万亿美元。在"一带一路"沿线国家设立境外企业超过 1.1 万家，2020 年当年实现直接投资 225.4 亿美元，同比增长 20.6%，占同期流量的 14.7%；年末存量 2 007.9 亿美元，占存量总额的 7.8%。2013—2020 年中国对沿线国家累计直接投资 1398.5 亿美元。

根据商务部的数据显示，2021 年，我国对外投资合作平稳发展。全行业对外直接投资 9 366.9 亿元人民币，同比增长 2.2%（折合 1 451.9 亿美元，同比增长 9.2%）。同时，对外承包工程完成营业额 9 996.2 亿元人民币，同比下降 7.1%（折合 1 549.4 亿美元，同比下降 0.6%）；新签合同额 16 676.8 亿元人民币，同比下降 5.4%（折合 2 584.9 亿美元，同比增长 1.2%）。可以看出，尽管受到新冠疫情的影响，我国对"一带一路"沿线国家的投资仍然保持了增长势头。我国对"一带一路"沿线国家非金融类直接投资 203 亿美元，同比增长 14.1%，为促进东道国经济发展作出了积极贡献。

与此同时，近年来全球经济复苏乏力，大国之间贸易关系紧张，国际市场需求不振。根据主要国际经济机构数据，世界经历了 1929 年大萧条以来最严重的经济衰退。2021年全球经济增长5.5%—5.9%。经济合作与发展组织（OECD）、国际货币基金组织、世界银行等国际机构不断调低对经济增长的预期。认为世界经济前景还可能变得更糟，陷入"长期疲软增长而通货膨胀率高企"。前世界银行行长马尔帕斯指出，"如今滞胀风险相当大。由于世界大部分地区的投资疲软，低迷的增长可能会持续10年。许多国家的通胀率目前处在数十年来高位，并且供应预计将缓慢增长，因此通胀可能在更长时间内保持较高水平。从2021—2024年，全球增长速度预计将放缓2.7个百分点，是1976—1979年放缓幅度的两倍多"。

过去几年刮起了贸易保护主义的旋风，全球金融市场动荡。一些国家经济政策不透明，偿债能力不足，合同违约风险上升，使得海外中国企业和公民遭遇到众多不公平、歧视性待遇，投资外汇管理限制措施明显增多，经济利益受损的情况时有发生。企业"走出去"的经济、金融风险上升。特别是一些"一带一路"共建国家国内政治状况不稳定，经济社会发展不成熟，法律体系不完善，主权信用等级比较低、深陷主权债务危机，国家经济运行不畅，财政赤字巨大，失业率居高不下，国家长期负债、偿还债务的能力比较低，容易发生金融危机，这使得中国企业在共建"一带一路"投资中面临的风险上升，相关投资受挫的案例时有发生，一定程度上影响了我国的整体对外贸易特别是对"一带一路"沿线国家的贸易投资。

四、国际舆论风险

从 2013 年提出之后，共建"一带一路"逐渐成为国际社会关注的焦点，影响力和辐射力不断上升，并且逐渐被国际社会广为接受。与此同时，国际舆论对共建"一带一路"存在不同的认识，由此影响到了不同国家对"一带一路"的基本态度和政策取向。2013年以来，中国已经形成了有关"一带一路"的国家叙事，阐述了中国在共建"一带一路"中所秉承的价值观和国家目标。不仅共建国家政府普遍给予支持，各国智库、学者和媒体也表现出较高的研究热情和报道热情，国际社会对共建"一带一路"的正面评价不断增多，平衡性报道有所增加，负面质疑有所减少。国际舆论普遍希望中国提倡的互联互通、共商共建共享等理念能够在全球治理中发挥更大的作用，共建"一带一路"可以为世界和平与发展作出更大的贡献。

2019年召开的第二届高峰论坛再度在国际上掀起"一带一路"热潮，成为全球舆论关注的焦点。各大媒体对高峰论坛进行了全方位报道，论坛盛况和共建"一带一路"的好声音、好故事占据多家媒体头版头条。与会各国领导人、国际组织负责人接受专访，高度评价共建"一带一路"给世界各国带来的机遇，赞赏高峰论坛是开放、包容的国际合作平台，认同"一带一路"与联合国2030年可持续发展议程高度契合。各方还充分肯定新中国成立70年来，特别是改革开放40多年来的经济社会发展成就，认为中国只用了几十年时间就将一个积贫积弱的国家建设成为世界第二大经济体，发展中国家可以通过共建"一带一路"借鉴中国有益经验，实现经济发展和民生改善。

然而，当前西强我弱的国际舆论态势并未根本改变，西方主流舆论对共建"一带一路"还存在一定的误解。美西方国家操控着国际舆论，常常运用互联网等新媒体渠道对"一带一路"项目进行抹黑和诋毁，在国际上对我进行批评和施压，试图掀起新一轮"中国威胁论"。要求我国加大项目透明度，提高环保标准，在融资渠道上进一步多元化等。同时，利用更多的非政府组织发布的调研数据、当地访谈等，向"一带一路"共建国家政府以及我国相关企业施加压力，为倡议落地和项目推进设置障碍。

近年来，一些西方学者和媒体还借机大肆炒作中国通过共建"一带一路"推行"债务外交"，指责"一带一路"是"白象工程"，搞"空头支票"，使合作国家陷入"债务陷阱"。还有一些人认为"一带一路"是中国的地缘政治工具，旨在谋求政治利益。在不少欧洲和非洲国家，民众普遍对"一带一路"了解不多，媒体的不实报道、质疑和负面宣传常常对公众造成误导。

对于这些错误的看法和不实的报道，中国政府已经进行了有力的驳斥。习近平主席指出，"共建'一带一路'倡议不是地缘政治工具，而是务实合作平台；不是对外援助计划，而是共商共建共享的联动发展倡议。"外交部长王毅也强调，"一带一路"绝不是什么"债务陷阱"，而是惠民的"馅饼"；绝不是什么"地缘政治工具"，而是共同发展的机遇。如今，共建"一带一路"在大部分共建国家仍然受到热烈欢迎和坚定支持，加入这一倡议的国家数量不断增加，充分证明了其持久的吸引力。

五、新冠疫情影响

2020年突如其来的新冠疫情肆虐全球，重创了世界经济，深深影响了国际政治格局，也对共建"一带一路"造成了冲击。在经济衰退的背景下，"一带一路"沿线国家存在政治与社会动荡的不稳定因素，这增加了当地社会对"一带一路"项目深入推进的态度认知与情绪反应的不确定性，叠加地缘政治博弈的因素，疫情后共建"一带一路"的外部环境会更为复杂而多变。2020年5月，习近平总书记在看望参加政协会议的经济界委员时强调，"我国经济正处在转变发展方式、优化经济结构、转换增长动力的攻关期，经济发展前景向好，但也面临着结构性、体制性、周期性问题相互交织所带来的困难和挑战，加上新冠疫情冲击，我国经济运行面临较大压力。我们还要面对世界经济深度衰退、国际贸易和投资大幅萎缩、国际金融市场动荡、国际交往受限、经济全球化遭遇逆流、一些国家保护主义和单边主义盛行、地缘政治风险上升等不利局面，必须在一个更加不稳定不确定的世界中谋求我国发展"。

新冠疫情首先加大了共建"一带一路"的金融风险。受疫情影响,"一带一路"共建国家经济普遍遭到重创,参与新项目动力下降,不少发展中国家经济面临崩塌的危险,债务负担加大,债务违约风险明显上升。据国际金融研究所(Institute of International Finance)数据显示,近年来,新兴市场经济体的债务水平大幅上升。未偿债务总额从大约5年前的不足65万亿美元跃升至2021年底的近100万亿美元。国际货币基金组织警告称,美联储及全球各大央行抗击通胀的努力,或使得背负高额外币债务的新兴市场进一步陷入经济困境。国际货币基金组织2022年4月发布的《全球金融稳定报告》指出,眼下全球融资环境趋紧,地缘政治紧张局势加剧。在此背景下,新兴市场面临着特殊的挑战。报告指出,与疫情前的趋势相比,新兴市场的增长前景普遍弱于发达经济体,其财政空间更加有限,再融资风险也有所上升。许多新兴市场的公共债务处于历史高位,主权信用前景也有所恶化,当出现严重的负面冲击时,这些新兴市场的宏观金融稳定将更易受到威胁。

在一些存在大量投资的国家,中国也面临多重债务危机:既要保护"一带一路"的持续投入,保持国内金融稳定，又要以前所未有的方式与其他债权人合作。重新谈判大规模的债务将对中国产生相当大的金融和政治压力。在整个疫情期间，相关"一带一路"项目投资的风险上升，投资回报率下降。反复震荡的金融环境对国际经济秩序形成直接冲击，加大"一带一路"融资的难度。

其次，提升了共建"一带一路"互联互通的难度。受疫情影响，全球资本和人员流动出现大幅萎缩。根据世界旅游组织的报告显示，2020年，国际游客数量较2019年下降近10亿人，降幅达73%。国际旅游业在2020年所产生的直接和间接经济损失约为2.4万亿美元。2021年全球国际游客总人次比2019年减少70%至75%，与2020年情况大致相同。2021年全球旅游业作出的经济贡献约为1.9万亿美元，远低于全球疫情暴发前的3.5万亿美元。虽然世界各国的旅游业都正在复苏，但是速度依然缓慢，预计2024年全球才能完全恢复至疫情暴发以前的水平。全球航空业遭受重创。疫情暴发以来，全球超过三分之二的客机停飞，欧美航空业萎缩超过90%。据国际航空运输协会（IATA）透露，航空运输业在受到新冠疫情的影响之下，在2020—2022年累计亏损总额预计高达2 010亿美元，有大批航空公司破产。互联互通不畅严重影响了共建"一带一路"的进度。

疫情初期资本、人员、物资等流动性的快速大幅下降，导致一些在建项目难以正常运转。例如在印度尼西亚，疫情初期，因两国航班中断，印尼收紧入境签证，导致数百名中国技术人员不能及时返回，一些急需从中国进口的设备、材料也无法及时进口，雅万高铁项目施工一度面临停滞风险。之后，"一带一路"共建国家防疫政策相继推出，实施社交隔离，限制人员流动，导致不少项目人员短缺，许多原定召开的项目交流会、员工进修培训计划以及实地考察都因疫情推迟或取消，对按计划推动项目进度造成冲击。

疫情还严重扰乱了全球价值链，冲击了产业链和供应链。由于原材料、零部件、机械设备等难以及时到位，不少"一带一路"项目施工进展缓慢。而中国复工复产之后，疫情在全球蔓延对价值链的负面影响继续扩散，不少国家更是选择了"保护主义"政策，推动供应链多元化，加强对外资的审查和监管，提高了"一带一路"互联互通的成本和风险。

最后，冲击了"一带一路"的民心相通。新冠疫情暴发之后，共建"一带一路"面临的国际舆论压力明显上升。不少西方乃至少数发展中国家的政要、媒体和专家学者等，将中国与病毒相关联，开始炒作所谓的"政治体制缺陷论""政府治理失灵论""言论自由论""过度依赖中国风险论"等，借疫情抨击我政治制度、治理模式、管控方式，抹黑我国家形象，煽动掀起新一轮的"中国政府责任论""中国威胁论""中国索赔论"，破坏中国国家形象、外交形象、产品信誉。与疫情的蔓延趋势相似，外界直接对"一带一路"的担忧逐渐增多，涉及劳动力短缺、海外投资减少、项目收缩或取消、借贷速度放缓等话题。还有外媒直接发出"项目停滞""进展受挫"等唱衰声音，认为"一带一路"正在失去吸引力。《纽约时报》等媒体甚至炮制"'一带一路'流行病"等论调，进行污名化攻击。有不少媒体聚焦个别重点项目，认为在当前经济危机下，很多项目经济可行性和可持续性受到质疑，原本可以成为"成功故事"的项目正在被困扰。

尽管国际舆论对共建"一带一路"面临的挑战着墨颇多，一些西方国家甚至抱着幸灾乐祸的态度"看衰"疫情后"一带一路"的发展，但也有国际舆论进行实事求是的理性分析，认为从中长期来看共建"一带一路""危"中有"机",疫情后"一带一路"可以转"危"为"机",释放出更大的动能和活力。疫情过去之后,很多共建国家将会坚定在"一带一路"上的合作意愿。英国皇家国际问题研究所主席、"金砖之父"奥尼尔认为,"全球新冠肺炎疫情危机过后,中国共建'一带一路'有望引领全球经济复苏和发展"。针对国际舆情所反映出的问题,我们要积极、主动地回应国际社会尤其是"一带一路"共建国家关切的问题,以更有利的方式塑造国际社会对共建"一带一路"的看法,化解疫情带来的负面影响,适时引导国际舆论,为下一阶段"一带一路"的高质量发展创造良好的国际环境。

总的来说,新冠疫情对"一带一路"合作确实造成了一些影响,但都是暂时的,也是局部的。从整体和长远来看,经过疫情的考验,共建"一带一路"的基础将更加牢固,动力将更加充沛,前景将更加广阔。事实证明,疫情并没有阻碍共建"一带一路",反而凸显了其强大的灵活的生命力。疫情期间,"一带一路"的许多基础设施和民生项目都为抗疫发挥了重要作用,充分释放出"五通"的活力和效力。尽管巴基斯坦疫情严重,但作为共建"一带一路"重要先行先试项目,中巴经济走廊建设在疫情防控期间"不裁员、不撤人、不停工",确保走廊项目正常运营,为稳定当地经济发展、提振民众信心起到重要作用。中老铁路在 2021 年底正式开通运营,雅万高铁、匈塞铁路、柬埔寨双燃料电厂、埃及新行政首都、中孟帕德玛大桥、中老铁路曼迈一号隧道等基建项目稳步推进,包括"内罗毕—马拉巴铁路"(一期)在内的多个铁路项目已经投入运输。亚吉铁路作为非洲大陆第一条跨国电气化铁路,即使在疫情最严重时期也未中断运营。

中欧班列在疫情期间成为欧亚大陆之间名副其实的"生命之路"。在欧亚地区大面积断航停航的情况下,中欧班列的战略通道作用更加凸显,为维护国际产业链、供应链安全稳定提供了有力支撑。在疫情肆虐的背景下,2020 年,中欧班列开行 1.24 万列,同比增长 50%,年度开行数量首次突破 1 万列;2021 年,开行中欧班列 1.5 万列、发送 146 万标箱,同比分别增长 22%、29%;2022 年中欧班列开行 1.6 万列、发送 160 万标箱,同比分别增长 9%、10%,充分发挥中欧班列战略通道作用。作为横贯亚欧大陆、沟通两大洋的运输大动脉,中欧班列历年累计开行超过 7.3 万列,通达欧洲 25 个国家 216 个城市,不仅是一条交通线，也是一张贯通亚欧的物流网，更是沿线国家和地区互利共赢的纽带。这是中国为世界经济复苏作出的积极贡献，也是"一带一路"高质量发展的有力证明。这支驰骋在亚欧大陆上的"钢铁驼队"，向世界彰显着韧性和担当，传递了力量和信心，也带来诸多关乎人类未来发展的有益启示。

疫情期间，中方全力驰援各国抗疫，源源不断对外输送疫苗、口罩、防护服等防疫物资，近九成流向了"一带一路"合作伙伴国。2021年，中方同31个合作伙伴共同发起"一带一路"疫苗合作伙伴关系倡议，倡导加强疫苗出口、援助、联合生产、技术转让等合作，共筑抗疫"长城"。过去3年，中国向160多个国家和国际组织提供大批抗疫物资，向110多个国家和国际组织提供超过22亿剂疫苗，让疫苗成为公共产品从承诺走向实践，成为现实。

疫情不会削弱"一带一路"的价值，反而增加了国际社会对这一全球公共产品的期待。新冠疫情全球大流行给共建"一带一路"带来了不少挑战，但也凸显了"一带一路"合作的韧性和活力。共建"一带一路"合作没有因疫情冲击而停滞，相反成为提高韧性、传递信心的希望之路；"一带一路"从来不是什么

"地缘战略",而是推动落实 2030 年可持续发展议程,促进共同发展繁荣的发展之路;"一带一路"更没有制造所谓"债务陷阱",而是实现互利互惠的机遇之路;"一带一路"也不会破坏环境,而是低碳环保、应对气候变化的绿色之路。

第三节 共建"一带一路"推动形成全面开放新格局

共建"一带一路"是我国扩大对外开放的重大战略举措,也是今后一段时期对外开放的工作重点。党的十八大以来,以习近平同志为核心的党中央总揽战略全局,以共建"一带一路"为重点,推动形成陆海内外联动、东西双向互济的开放格局,为实现"两个一百年"奋斗目标注入强劲动力,为推动人类共同发展作出重要贡献。

习近平总书记在十九大报告中强调,要以"一带一路"建设为重点,坚持引进来和走出去并重,坚持"引进来"和"走出去"并重,遵循共商共建共享原则,加强创新能力开放合作,形成陆海内外联动、东西双向互济的开放格局。这是以习近平同志为核心的党中央适应经济全球化新趋势、准确判断国际形势新变化、深刻把握国内改革发展新要求作出的重大战略部署，必将为决胜全面建成小康社会，夺取新时代中国特色社会主义伟大胜利提供有力支撑，为实现第二个百年奋斗目标和实现中华民族伟大复兴的中国梦注入强大动力。

党的十九届五中全会通过的《中共中央关于制定国民经济和社会发展第十四个五年规划和二〇三五年远景目标的建议》（以下简称《建议》），提出实行高水平对外开放，开拓合作共赢新局面。《建议》提出要推动共建"一带一路"高质量发展，指出要"坚持以企业为主体、以市场为导向、遵循国际惯例和债务可持续原则，健全多元化投融资体系"。这要求坚持共商共建共享原则，秉持开放、绿色、廉洁理念，深化务实合作，加强安全保障，促进共同发展，为下一阶段的共建"一带一路"明确了定位，指明了方向。

2020年6月，习近平主席向"一带一路"国际合作高级别视频会议发表书面致辞时指出，疫情给我们带来一系列深刻启示。各国命运紧密相连，人类是同舟共济的命运共同体。无论是应对疫情，还是恢复经济,都要走团结合作之路,都应坚持多边主义。促进互联互通、坚持开放包容,是应对全球性危机和实现长远发展的必由之路,共建"一带一路"国际合作可以发挥重要作用。习近平强调,中国始终坚持和平发展、坚持互利共赢。我们愿同合作伙伴一道,把"一带一路"打造成团结应对挑战的合作之路、维护人民健康安全的健康之路、促进经济社会恢复的复苏之路、释放发展潜力的增长之路。通过高质量共建"一带一路",携手推动构建人类命运共同体。正如习近平总书记多次强调的,立足新发展阶段、贯彻新发展理念、构建新发展格局,推动高质量发展,是当今和今后一个时期全党全国必须抓紧抓好的工作。

在第三次"一带一路"建设座谈会上,习近平总书记提出要以新发展理念为指导,以高标准、可持续、惠民生为目标,推动共建"一带一路"高质量发展不断取得新成效。在第四届中国国际进口博览会开幕式上,习近平主席郑重宣布,中国将坚定不移推动高水平开放。我们要在新的历史条件下深刻认识和准确把握共建"一带一路"的重要性和必然性,不断明确共建"一带一路"的目标和使命,全面、准确地理解新发展阶段、新发展理念、新发展格局及其与共建"一带一路"的联系，稳步推进共建"一带一路"高质量发展，推动形成全面开放新格局。

在2021年博鳌亚洲论坛年会上，习近平主席对推动高质量共建"一带一路"提出新的目标：建设更紧密的卫生合作伙伴关系、更紧密的互联互通伙伴关系、更紧密的绿色发展伙伴关系、更紧密的开放包容伙伴关系，把"一带一路"建成"减贫之路""增长之路"，为新形势下推进共建"一带一路"指明了方向。

第一，建设更紧密的卫生合作伙伴关系。中国企业已经在印度尼西亚、巴西、阿联酋、马来西亚、巴基斯坦、土耳其等共建"一带一路"伙伴国开展疫苗联合生产。我们将在传染病防控、公共卫生、传统医药等领域同各方拓展合作，共同护佑各国人民生命安全和身体健康。下一步，中国将继续同各方开展抗疫合作，落实习近平主席提出的再向非洲提供10亿剂疫苗、向东盟国家提供1.5亿剂疫苗无偿援助等承诺，同广大发展中国家深化疫苗联合生产合作，助力各国早日战胜疫情，帮助各国民众早日回归正常生活轨道。

第二，建设更紧密的互联互通伙伴关系。中方将同各方携手，加强基础设施"硬联通"以及规则标准"软联通"，畅通贸易和投资合作渠道，积极发展"丝路电商",共同开辟融合发展的光明前景。我们将同各方加强政策沟通,统筹好疫情防控和"一带一路"合作,共同做好合作项目的资金支持、配套服务、安全保障等工作,实现责任共担、风险共管、成果共享。完善双边、三方和多边合作机制,让"一带一路"全球伙伴网络更加牢固、更具内涵、更富成效。

第三,建设更紧密的绿色发展伙伴关系。加强绿色基建、绿色能源、绿色金融等领域合作,完善"一带一路"绿色发展国际联盟、"一带一路"绿色投资原则等多边合作平台,让绿色切实成为共建"一带一路"的底色。我们欢迎更多国家加入"一带一路"绿色发展伙伴关系倡议,深化绿色基建、绿色能源、绿色投资、绿色金融等合作。我们愿加速推进数字科技赋能"一带一路",在5G、大数据、跨境电商等领域打造更多务实成果,帮助发展中国家弥合"数字鸿沟"。我们还将继续以"零容忍"态度打击腐败行为,守护好风清气正的廉洁丝路。

第四,建设更紧密的开放包容伙伴关系。我们将本着开放包容精神,同愿意参与的各相关方共同努力,把"一带一路"建成"减贫之路""增长之路",为人类走向共同繁荣作出积极贡献。我们也愿继续秉持开放、包容、透明原则，欢迎更多国家和机构参与"一带一路"三方或多方合作，致力于全球共同发展的合作愿景。践行可持续发展理念、落实联合国 2030 年议程是共建"一带一路"的内在要求。我们将继续把"一带一路"合作放在全球发展事业中加以推进，坚持走经济、社会、环境协调发展之路。我们将通过"一带一路"助力发展中国家特别是最不发达国家的减贫事业，把"一带一路"建成发展中国家的"减贫之路"。中方正在推动构建新发展格局，这必将激发中国大市场的巨大活力潜力，为"一带一路"合作伙伴提供更多的市场机遇、发展机遇。

2021 年 9 月，习近平主席提出全球发展倡议，在减贫、粮食安全、抗疫和疫苗、发展筹资、气候变化和绿色发展、工业化、数字经济、互联互通等 8 个领域推动国际合作。全球发展倡议，最根本的目标是加快落实联合国 2030 年可持续发展议程，最核心的要求是坚持以人民为中心，最重要的理念是倡导共建团结、平等、均衡、普惠的全球发展伙伴关系，最关键的举措在于坚持行动导向，推动实现更加强劲、绿色、健康的全球发展，共建全球发展共同体。全球发展倡议可以同共建"一带一路"互促共进、相得益彰，为推动共同发展汇聚更大合力。

事实证明,"一带一路"具有强大生命力,疫情并没有撼动各方携手共建"一带一路"的决心,后疫情时代更需要"一带一路"为世界提供发展动力。中国正在积极构建以国内大循环为主体、国内国际双循环相互促进的新发展格局。在新发展格局下,中国的市场潜力将会被充分激发,对外开放的大门将进一步敞开。中国有14亿人口,中等收入群体超过4亿,2020年国内商品零售市场规模将超过6万亿美元,未来10年累计商品进口额有望超过22万亿美元。这将有助于推动中国经济实现高质量发展,也将为共建"一带一路"提供更强动力、更大空间、更优路径。

党的二十大报告指出,"共建'一带一路'成为深受欢迎的国际公共产品和国际合作平台",并明确提出要"推动共建'一带一路'高质量发展"。在后疫情时代,中国将同各方一道,结合各国战胜疫情和经济复苏的现实需要,推动"一带一路"同各国发展战略深度对接,助力互联互通和复工复产,挖掘生命健康、数字经济、绿色发展等领域的新动能,推动共建"一带一路"向更高质量迈进,推动建设合作共赢的开放体系。未来,我们将按照习近平总书记去年在第三次"一带一路"建设座谈会上提出的要求,同国际社会一道,继续推进高质量共建"一带一路",努力实现更高合作水平、更高投入效益、更高供给质量、更高发展韧性,将"一带一路"打造成造福世界的"发展带"、惠及各国人民的"幸福路"。

思考题

1. 共建"一带一路"下一阶段的重点是什么?
2. 共建"一带一路"面临的主要风险与挑战是什么?
3. 未来共建"一带一路"可以抓住的有利条件有哪些?
4. 如何看待共建"一带一路"和全球发展倡议的关系?

参考文献

1. 习近平：《论把握新发展阶段、贯彻新发展理念、构建新发展格局》，中央文献出版社，2021。

2. 《习近平外交思想学习纲要》，人民出版社、学习出版社，2021。

3. 习近平：《高举中国特色社会主义伟大旗帜　为全面建设社会主义现代化国家而团结奋斗——在中国共产党第二十次全国代表大会上的报告》，人民出版社，2022。

4. 习近平：《论坚持推动构建人类命运共同体》，中央文献出版社，2018。

5. 《习近平谈治国理政》第一卷，外文出版社，2018。

6. 《习近平谈治国理政》第二卷，外文出版社，2017。

7. 《习近平谈治国理政》第三卷，外文出版社，2020。

8. 中共中央党史和文献研究院、推进"一带一路"建设工作领导小组办公室编《习近平谈"一带一路"》，中央文献出版社，2018。

9. 中共中央文献研究室编《十八大以来重要文献选编》上，中央文献出版社，2014。

10. 中共中央文献研究室编《十八大以来重要文献选编》中，中央文献出版社，2016。

11. 中共中央文献研究室编《十八大以来重要文献选编》下，中央文献出版社，2018。

12. 国家发改委、外交部、商务部：《推动共建丝绸之路经济带和21世纪海上丝绸之路的愿景与行动》，2015。

13. 推进"一带一路"建设工作领导小组办公室：《共建"一带一路"：理念、实践与中国的贡献》，2017。

14. 推进"一带一路"建设工作领导小组办公室：《"一带一路"倡议：进展、贡献与展望》，2019。

后　记

  自 2013 年习近平总书记提出"一带一路"倡议以来，共建"一带一路"稳步推进，取得了令世人瞩目的伟大成就，已成为深受欢迎的全球公共产品和国际合作平台，书写了中国与世界关系的新篇章。共建"一带一路"是新时代中国对外开放和对外合作的管总规划，是推动构建人类命运共同体的重要实践平台，为世界提供了一项充满东方智慧的共同繁荣发展的方案。面对世纪疫情与百年变局的交织共振，共建"一带一路"不仅没有止步，反而逆势前行，又不断取得新进展，展现出强劲韧性和巨大潜力。后疫情时代，各国更需要携手推进共建"一带一路"，为各国发展和世界经济增长提供新动力。

  2023 年 10 月，第三届"一带一路"国际合作高峰论坛将在北京举办。这不仅是纪念"一带一路"倡议提出 10 周年最隆重的活动，也是各方共商高质量共建"一带一路"合作的重要平台。为增进高校师生、外交外事干部以及关心中国外交的国内外各界人士学习领会习近平外交思想的精髓要义与深刻内涵，了解掌握共建"一带一路"的具体缘起、指导思想、基本原则、主要路径和重大意义等，在中国外交培训学院和外交学院的支持下特编写本书。

由于共建"一带一路"理论博大精深，实践波澜壮阔，因而描述起来难免挂一漏万，敬请读者不吝指正。

任远喆
2023 年 8 月

图书在版编目（CIP）数据

共建"一带一路"/任远喆著. --北京：世界知识出版社，2023.9
外事干部学习培训教材
ISBN 978-7-5012-6683-8

Ⅰ.①共… Ⅱ.①任… Ⅲ.①"一带一路"—国际合作—干部培训—教材 Ⅳ.①F125

中国国家版本馆 CIP 数据核字（2023）第 170751 号

责任编辑	刘豫徽
责任出版	李 斌
责任校对	张 琨

书　　名	共建"一带一路" Gongjian "Yidaiyilu"
作　　者	任远喆

出版发行	世界知识出版社
地址邮编	北京市东城区干面胡同 51 号（100010）
经　　销	新华书店
网　　址	www.ishizhi.cn
电　　话	010-65233645（市场部）
印　　刷	北京虎彩文化传播有限公司
开本印张	880 毫米×1230 毫米　1/32　6¾印张
字　　数	115 千字
版次印次	2023 年 9 月第一版　2023 年 9 月第一次印刷
标准书号	ISBN 978-7-5012-6683-8
定　　价	68.00 元

版权所有　侵权必究